图解日本终端服务

売れる商品陳列マニュアル

服务的细节 *004*

完全商品陈列115例

［日］新山胜利 著　　扈敏 译

东方出版社

图书在版编目（CIP）数据

服务的细节：完全商品陈列115例／（日）新山胜利 著；扈敏 译. —北京：东方出版社，2011

ISBN 978 - 7 - 5060 - 4302 - 1

Ⅰ.①服… Ⅱ.①新… ②扈… Ⅲ.①商品陈列 Ⅳ.①F713.7

中国版本图书馆CIP数据核字（2011）第190182号

本书中文简体字版权由北京汉和文化传播有限公司代理
中文简体字版专有权属东方出版社
著作权合同登记号 图字：01-2010-8019号

服务的细节：完全商品陈列115例
（FUWU DE XIJIE：WANQUAN SHANGPIN CHENLIE 115 LI）

作　　者：［日］新山胜利
译　　者：扈　敏
责任编辑：崔雁行　高琛倩
出　　版：东方出版社
发　　行：人民东方出版传媒有限公司
地　　址：北京市西城区北三环中路6号
邮　　编：100120
印　　刷：三河市中晟雅豪印务有限公司
版　　次：2011年11月第1版
印　　次：2021年9月第9次印刷
开　　本：880毫米×1230毫米　1/32
印　　张：7.75
字　　数：161千字
书　　号：ISBN 978 - 7 - 5060 - 4302 - 1
定　　价：30.00元
发行电话：(010) 85924663　85924644　85924641

目录

067　第 3 章　打造魅力卖场，持续提高销售额

第 4 章　适合各种卖场及商品的最佳陈列方法 **109**

004

第 5 章　最大限度地利用 POP 来取悦顾客吧 **195**

前言

　　如今的时代，畅销商品（包括其类似商品）会以极快的速度被陈列在卖场中。　因此，商品力之间的差距消失了。　另外，随着郊区店等大型商场的发展，卖场面积有了扩大的倾向。　在这种背景下，想要销售出更多的商品，就必须进一步提高卖场的陈列水平，将商品具有的价值信息更好地传达给顾客。

　　在这种形势之下，陈列技巧也在不断提高。　由服装发展而来的 VMD（视觉营销），也开始在量贩店被广泛使用。　另外，卖场绝对不能没有 POP。　卖场彩色化、小型液晶显示器和 LED 照明也开始被常常使用。

　　本书将就以上有关陈列的最新卖场打造方式进行阐述。　除了对 115 种之多的陈列技巧进行说明，还尽可能地对其理论和由来也加以介绍。 因为我希望通过本书，业界人士能够对卖场持有更浓厚的兴趣并加深理解。

此外，本书还指出了被行业内普通认可但实际上却是不合理或错误的一些观点。 另外，有一些在日本被经常介绍却不能照搬过来的国外陈列技巧，本书对其理由及对策也进行了解说。

卖场是具有生命的。 希望您在读过本书之后，能够进一步热爱卖场，并仔细关注身边有魅力的卖场及其陈列方法。

2010 年 4 月

新山　胜利

第 1 章
理解畅销商品陈列的公式

陈列的两种流派

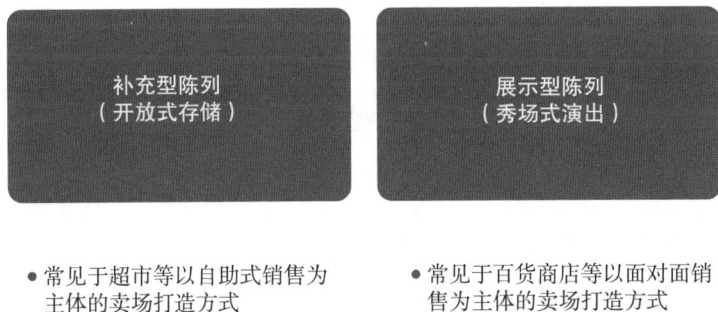

补充型陈列 （开放式存储）	展示型陈列 （秀场式演出）

- 常见于超市等以自助式销售为主体的卖场打造方式
- 常见于百货商店等以面对面销售为主体的卖场打造方式

图 1-1　陈列的两种传统流派

◆补充型陈列

关于陈列流派，有各种区分方法，我们首先通过两种传统流派来看一下。

第一种陈列流派是补充型陈列（开放式存储）。 常见于超市，是以自助式销售为主体的卖场打造方式。

开始像现在的超市这样以自助方式出售商品的做法是在 1930 年（昭和 5 年）由美国人 Michael Karen 开创的。 他在纽约州长岛的牙买加开了一家名为 Karen King 的商店。

这种自助式销售方式至今也被普遍使用，基本没有发生变化。 超市通过大量陈列、低价销售名牌产品、直接邮寄广告等方式进行促销活动。 而在此之前的商业习惯是顾客只有向店员询问才能知道价格。

1953 年（昭和 28 年），在位于日本东京青山的纪伊国屋率先进行自助式销售。

◈展示型陈列

第二种陈列流派是展示型陈列（秀场式演出）。 常见于百货商店，是以面对面销售为主体的卖场打造方式。

1852 年，在法国巴黎诞生了由 Bushiro 夫妇开设的世界上第一家百货商店——Bon Marche。 舞台式的橱窗陈列和大甩卖算得上是当时的一大发明。 说句题外话，那一年拿破仑恰好就任法国皇帝。

之后，1904 年（明治 37 年），在日本三井吴服店的基础上发展而来的三越株式会社发表了"百货商店宣言",从此开创了日本百货商店的先河。

陈列的两种模式

表1-1 陈列的两种模式

	量感陈列	展示陈列
商品分类	日用品	耐用品、专营商品
商品品种	多	少
购买频率	习惯性	选择性
陈列成本及所需劳力、时间	低价、简单	高价、需要技巧
特征	充足感、热闹而有生机的展示	具有主题性、能够展现商品魅力的组合陈列方法
陈列场所	平台、流动服务车、货架、墙壁	橱窗、舞台、角落、墙壁上方
陈列方法	堆码式、端头式、岛式	舞台·箱上陈列、VP·PP

陈列 = 品种 × 数量 × 位置 × "脸面" × 形式

◈量感陈列与展示陈列

陈列可以分为量感陈列与展示陈列两种模式。

首先,所谓量感陈列,是指把商品堆积成小山的陈列方法,带给顾客充足感和勃勃生机。 因此,量感陈列成为低价诉求的最佳陈列方法。 量感陈列是补充型陈列流派的组成部分。

所谓展示陈列，是指在卖场及专柜里决定销售主题后，以适合该主题的方式进行展示的方法。 因此，该陈列属于最能表现商品魅力的陈列方法，隶属于展示型陈列流派。

◈3 种分类

另外，也可以将陈列根据陈列工具的种类、陈列场所的特征以及销售方法的不同加以分类。

根据陈列工具的种类可分为平台式陈列、衣架式陈列、货架式陈列、挂钩式陈列、盒式陈列、箱式陈列等等。

根据陈列场所的特征可分为端头陈列、舞台式陈列、收银台前式陈列、岛式陈列、墙面陈列以及橱窗陈列等等。

根据销售方法的不同可分为堆码陈列、前进立体式陈列、样品陈列、割箱陈列、组合型陈列以及开放式陈列等等。

◈陈列的 5 大要素

要进行陈列，首先要考虑陈列什么样的商品（品种）；其次，要考虑陈列的数量，这是基本（数量）；再次，要考虑陈列在什么地方（位置）；接下来要商讨展示商品的哪一面（"脸面"）；最后决定以什么样的形式进行陈列（形式）；这就是陈列的 5 大要素。

三种销售方法①

图 1-2　全面服务式（面对面）销售

图 1-3　自助式（侧面）销售

下面，我们根据销售方法进行分类。销售方法总体来说可以分为 3 种。各种销售方法都有其独特的陈列模式。

全面服务式（面对面）销售

基本上是把商品陈列在玻璃柜内，根据来店顾客的要求取出商品并放在顾客面前。这是一种店员通过接待顾客进行销售的方法，常为百货商店内出售高档商品及名牌产品的专卖店和个体店所采用。

因此，店员要负责商品的取放和管理工作。

对顾客而言，虽然不能直观自由地看到、触摸到商品。但另一方面，却总是能看到商品的最佳状态。此外，通过店员的说明，顾客对商品的理解度也会提高。

最近，这种销售方法也为百货商店的副食卖场、郊区大型超市的鲜鱼及精肉卖场所采用。顾客说出自己想要的分量，就可以在现场进行分切和包装。

自助式（侧面）销售

商品取放简单、使用了开放性的陈列架，因此顾客可以自由挑选并把商品带到收银台。而收银台都设置在出口附近。

这种形式多见于超市、药店、低价商店及便利店。

自助式销售只需少量工作人员，这样人工费也能控制在最小范围。另外，操作易于标准化，兼职人员也能很快上手。

然而，由于不是全面服务（面对面）销售，作为销售根本的卖场打造一旦走形，就会立刻导致销售额的减少。

三种销售方法②

图1-4 自选式销售

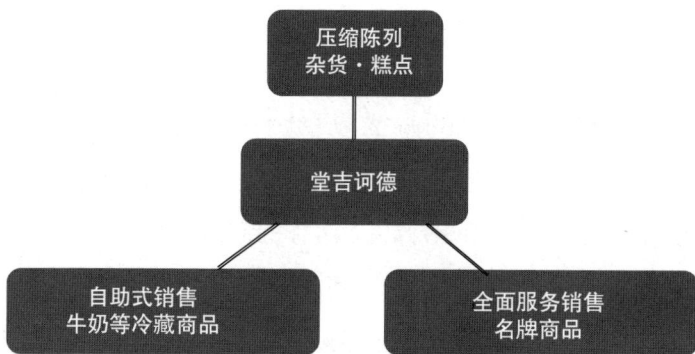

图1-5 堂吉诃德式销售方法

007

自选式销售

同自助式一样，顾客可以自由地选取商品，卖场中设置有多个收银台。 这种卖场面积广阔，经营衣食住等相关的多种商品，并在多楼层进行销售，是介于全面服务式销售和自助式销售两者之间的一种形式。 虽然不是面对面销售，收银台的工作人员也能及时响应顾客的需求并进行接待。

这种自选式销售为百货商场、大型专卖店和家电量贩店所采用。

然而，零售业的店铺未必一定要采用这三种形式中的其中一种。 根据所经营商品的不同，每个陈列柜台的销售方法都将发生改变。

例如，"堂吉诃德"就是一个因压缩陈列而闻名的综合性低价商店。 所谓的压缩陈列是指将商品尽可能地向上堆高，使顾客在寻找和选择商品中获得乐趣的陈列方法。

压缩陈列多见于杂货柜台，因此并不是商店的所有卖场都采用压缩陈列的方式。 对于进口的名牌产品，商店会采取将商品陈列在玻璃柜中的全面服务式销售。 顾客告诉店员想要的商品，由店员把商品取出来。

另外，对于牛奶等冷藏商品，商店会采取自助式销售，将它们同超市一样放在陈列架上，由顾客自行在卖场选择商品。 这样的方式有时会使牛奶成为商店的销售冠军。

　　在百货商场中，各楼层和柜台的销售方法也不相同。 商店也会依据商品种类的特性调整陈列技巧，与此同时，销售方法也会随之发生变化。

根据客单价公式掌握卖场陈列

店内销售规划

（in – store merchandising ＝ ISM）

是指在零售店铺里，以最有效和最高效的方法，将符合市场要求的商品及商品结构展示给消费者，以此实现资本和劳动生产率最大化的活动。

客单价　＝　动线长度

×

停留率

×

注目率

×

购买率

×

购买件数

×

商品单价

图1-6　决定客单价的公式

◈ISM 公式

关于如何进行店的卖场陈列，可以依据客单价（购买金额）公式进行考虑。

该公式源于商店内销售规划理论。 所谓"商店内销售规划"（in-store merchandising），是指"在零售店铺里，以最有效和最高效的方法，将符合市场要求的商品及商品结构展示给消费者，以此实现资本和劳动生产性最大化的活动"，取其英语的大写首字母简称为"ISM"。

◈现实中应用极少

该 ISM 公式的要点在于，最终客单价是由图 1－6 中所示的六大因素的相乘结果所决定的。 即要想提高客单价，就要提高各个数值，力求最大化。

然而令人遗憾的是，该理论在零售业的现场几乎不为人知。 这里存在着销售理论和实践差异的问题。 例如，虽然总部的工作手册中明确写入了该理论，店员却未在销售现场的最前线对其进行应用。

究其原因，是店铺现场的卖场负责人把每日的经营放在最优先的地位，且忙于商品的上货和订货，因此未能充分利用以该理论为基础的陈列技巧。

至于临时工和兼职人员就更是如此了，普遍存在只干被交代的工作的情况。

希望各位了解店内销售规划并务必每日在卖场进行实践。 这样做，可以取得销售额的上升。

尽可能使顾客在店内长久停留
动线长度

设置磁石点

磁石点 = 像磁石一样吸引顾客的特卖品等卖场及柜台

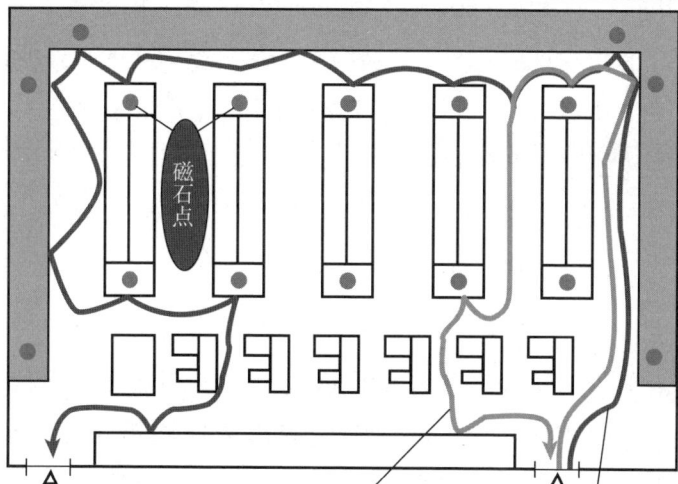

磁石点

如果不充分设置磁石点，顾客
在买完要买的东西后就会马上离开

通过设置磁石点，可以延长动线

图 1-7　设置磁石点的作用

◈提高回游性

顾名思义，动线长度就是指顾客在商店内"活动""线路"的"长度"。 即通过拉伸动线长度，使顾客在店内走动的时间延长，这一点非常重要。 因此，应在提高回游性上好好下工夫。

但是并不是胡乱延长就可以，这需要一种让顾客在店内愉快购物并获得满足的机制。 如果无意义地勉强延长动线，会使顾客感到不满。 应该制定主动线计划，设定多处可称为磁石点的重要位置。

所谓的"磁石点"，就是像磁石一样将顾客吸引过来的地方。 即展开高购买率的广告商品、特卖品、季节商品的卖场及柜台。 通过将这些磁石点设置在离动线一定距离的地方，就可以使顾客长时间走动，这样一来，店铺的楼层布局就成为重点。

◈打造令人愉快的卖场陈列

那么面积狭窄、不能设计长动线的店铺应该怎样进行陈列呢？ 延长动线长度，换而言之，就是延长顾客在店内的停留时间。 为此，要让顾客感到卖场是一个令人心情愉快的卖场。 顾客喜欢该卖场并且觉得这是个有价值的地方，就会长时间在店里停留。 购买时间一旦变长，自然就会接触到很多商品信息，这样购买件数就会增加，继而带来了销售额的上升。

例如，在健康食品等指导性推销的柜台，要准备桌椅。 越是高价的商品，越要把握顾客需求，回答顾客的疑问并获得其认可。

另外，如果是专卖店，可以准备一些咖啡、红茶之类的饮品，在愉快的交谈中接待顾客也不失为一种有效的方法。

诱导非计划性购买
停留率

努力提高停留率

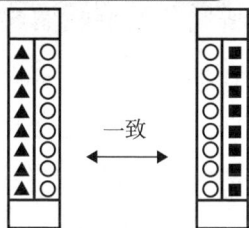

一致

使通道两侧货架上的商品种类一致，以此提高停留率。

收集数据

改善前

| A | B | C | D | E | F | G |

| H | I | J | K | L | M | N |

改善后

| A | B | C | D | E | F | G |

| I | J | E | L | M | F | H |

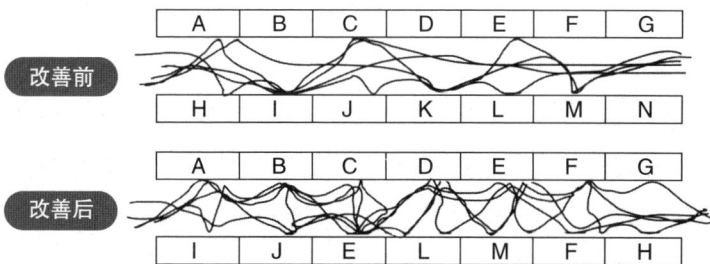

当停留率不稳定时，通过改善布局设计可以促进顾客对整个卖场进行回游

图 1-8　改善停留率

◈考虑布局

继动线长度之后需要考虑的课题就是停留率，要考虑顾客在动线中停留在磁石点及各卖场的时间会有多久。

所谓计划性购买，是指顾客在来店前已经决定了要购买的商品。针对这一类顾客，可以通过在卖场诱导其进行非计划性购买，进一步提高销售额。

这涉及各个通道内的商品配置、通道间商品的关联陈列、货架及端头计划、POP等辅助手段和陈列方法。

首先，要定期性地保持适当的距离跟随顾客，就顾客的回游路线描绘楼层布局方法线。将这些数据收集起来就会发现，变粗变浓的曲线为顾客经常利用的主动线，曲线集中的陈列架的地方为停留率较高的地方。而对于那些曲线细淡的通道和陈列架，就需要进行重新设计。

例如，在通道两侧的陈列架上配置关联商品。通过使顾客在通道内Z字形前进来提高停留率。

◈注意店内说明

此外，在便利店里，中岛（位于店中央的陈列架）不要设置得过高，要使顾客可以看到墙际边缘较高陈列架内的商品及POP信息，从而使停留点变多。

即使是关联商品，由于种类关系有时也不会陈列在同一卖场区域。此时，要使用POP进行说明。POP上不仅要介绍商品名称和购买区域，还要注明从现在所处位置到该区域的动线指南。

设法让顾客浏览商品
注目率

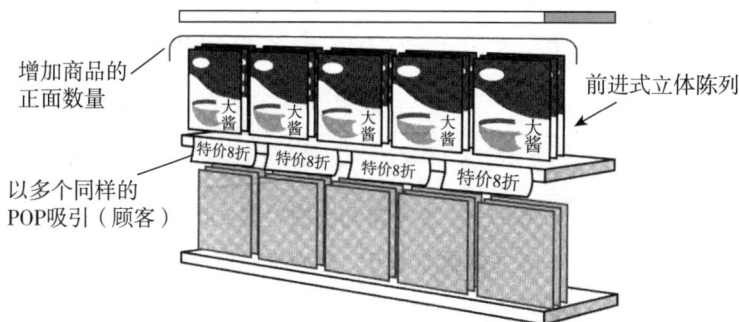

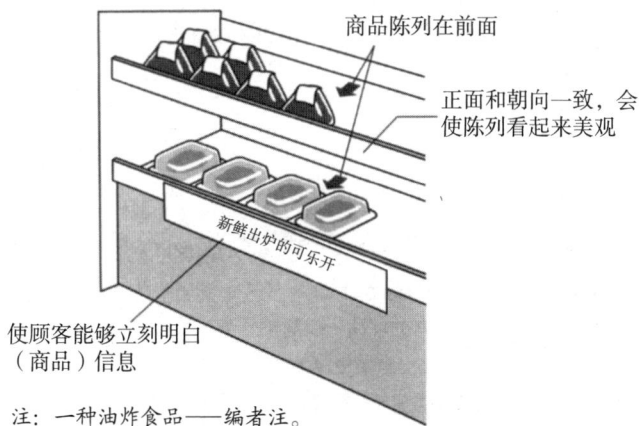

增加商品的
正面数量

前进式立体陈列

以多个同样的
POP吸引（顾客）

特价8折 特价8折 特价8折 特价8折

大酱 大酱 大酱 大酱 大酱

商品陈列在前面

正面和朝向一致，会
使陈列看起来美观

新鲜出炉的可乐开

使顾客能够立刻明白
（商品）信息

注：一种油炸食品——编者注。

图1-9 提高注目率

015

◈能在多大程度上让顾客浏览商品

该区域整体及商品能够在多大程度上让顾客看到，这就是注目率。

这里关系到各卖场商品的捆扎方法、分区规划方法、展示形态、陈列空间、数量、色彩、货架层的变化及 POP 的张贴方法等。

我们把将商品陈列在顾客眼前的方法，叫做前进式陈列。 例如，如果顾客的视野不能达到货架的下层位置，即看不到商品，就不能说该商品存在于卖场中，此时就会损失销售机会（店内没有顾客想要购买的商品，销售机会就会偷偷溜走）。

◈贯彻前进式陈列法

ISM 公式是乘法运算，因此仅注目率低就会导致客单价的减少。 如果注目率为 0，销售额也会是 0。

为了避免这样的情况，就要在销售高峰时间之前，进行商品前进式陈列。 在便利店中，除了早上、中午、傍晚三次高峰时间以外，有些销售业绩优良的店在深夜还有一次销售高峰。 在各高峰时间到来之前，一定要对商品进行前进式陈列并充分补货。

另外，插牌 POP 也很有效。 这是一种从通道方向来看，与陈列架呈垂直方向突出的小型信息载体。 上面标有引人注目的广告词和商品信息，从而使顾客在通过时注意并且一目了然。

此外，服装行业已经采用的 VMD 技巧，在其他行业也被广泛应用，使卖场的展示能够充分吸引顾客的眼球。 关于这一点，将在后文中进行详细的说明。

顾客能够购买多少
购买率

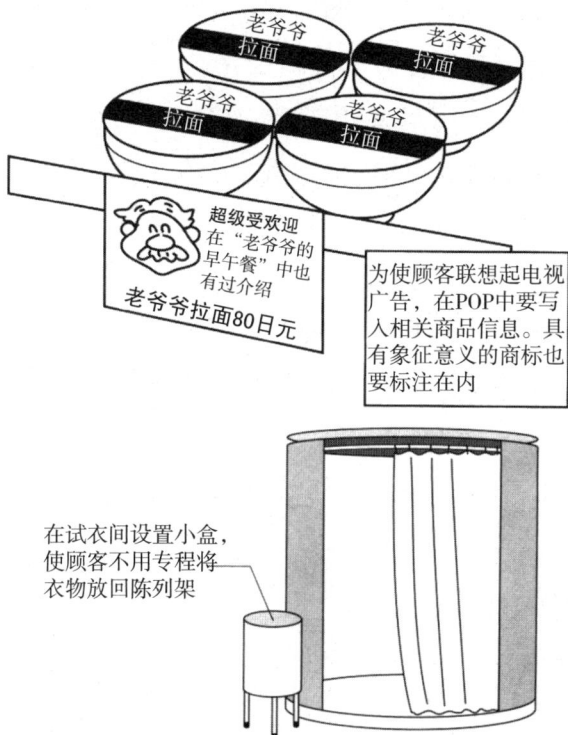

老爷爷拉面

超级受欢迎
在 "老爷爷的早午餐" 中也有过介绍
老爷爷拉面80日元

为使顾客联想起电视广告，在POP中要写入相关商品信息。具有象征意义的商标也要标注在内

在试衣间设置小盒，使顾客不用专程将衣物放回陈列架

图 1-10 提高购买率

◆从商品被顾客拿到手中开始

陈列架上被顾客注意到的商品之中，有多少能够被顾客拿到手中并购买，这就是购买率。

在这里，重要的是卖场的价格设定、POP 内容、CM 与小海报等与商品促销时机之间的联动。

这时，价格首次登场了。 为了向顾客诉求商品的低价感，并不是只要降低价格就可以了。

销量不好的商店，首先就想到降低价格，这其实是不对的。 在卖场中，需要对与价格相关的动线长度、停留率、注目率等诸多要素进行探讨。

关于 POP，也有必要在店内进行可以使顾客联想到广告的促销活动。 如果是电视上介绍过的商品，就要在 POP 上标明"什么时候、在什么节目中、以哪种方式"出现过。

偶尔会有小海报和卖场 POP 不联动的情况，这是由于小海报与卖场的 POP 负责人不同引起的。 如果在小海报中使用了商品的象征性标识，就一定要在卖场的 POP 上使用同样的标识以取得联动效应。

◆易放→易拿

使顾客易于把商品拿到手里并进行比较很重要。 但是为了实现这个目标，同时也要考虑商品的易放性。 例如，通过用衣架陈列衣服，顾客可以轻易地确认衣服的设计、色彩以及尺寸的差异，容易将商品放回同一地方。

另外，有些大型商店在专用角落集中设置了多个试衣间。 在这种商店中，对于顾客试穿之后不购买的衣物，不是由顾客专程放回陈列架，而是顾客把衣物放在试衣间的小盒子里，由店员折叠之后再放回卖场。 这也从细节处体现了购物的便利性。

尽可能使顾客多买
购买件数

> **增加购买件数的办法**

- 批量购买更便宜的价格设定
- 配合料理烹调的套装销售
- 关联购买（cross merchandising）
- 派送到家服务

◈买 1 个不如买 2 个，买 2 个不如买 3 个

作为商店方，不是让顾客只购买一个就结束其购物了，而是要考虑让顾客购买多个。 即买 1 个不如买 2 个，买 2 个不如买 3 个，要设法提高顾客的购买件数。

要展开把多个商品进行组合的成套销售和依据商品类别的关联性购买，例如可以考虑批量购买更合算的销售战略。 总之要使顾客购买更多数量以确保销售额。

任何商品都有例如"3包一共○○日元"的组合形式。 把用于烹饪咖喱的土豆、胡萝卜及洋葱进行组合包装，是现在可以经常看到的销售方法。

另外，为了方便顾客拿取多个商品，要准备塑料制专用手提袋。 作为多件购买的特殊待遇，还应该将促销用的赠品连同商品一起陈列在卖场。

◈探讨关联购买（cross merchandising）

进一步地，我们需要对关联性购买进行探讨。 决定货架端头及柜台整体的主题，将关联商品陈列在一处进行销售。

如果是春天的入学季(日本的学校开学时间在每年的4月。——编者注)，书桌、背包、文具盒及铅笔等全套文具类等就可以组成关联商品。 如果是夏天，就在挂面和荞麦面条的附近，将面条佐料汁、做菜用佐料及餐具成套销售。

另外，最近有些大型超市导入了派送到家的服务机制。 这种服务消除了高龄消费人群在搬运沉重商品时的不便性。 因此，在卖场里陈列大米、饮料、罐头等分量较重的商品旁边，要用POP标明提供此服务。 这样顾客就会明白商场提供该服务的意义，从而促进其购买大规格的商品。

使顾客购买价格更高的商品
商品单价

努力提高商品单价

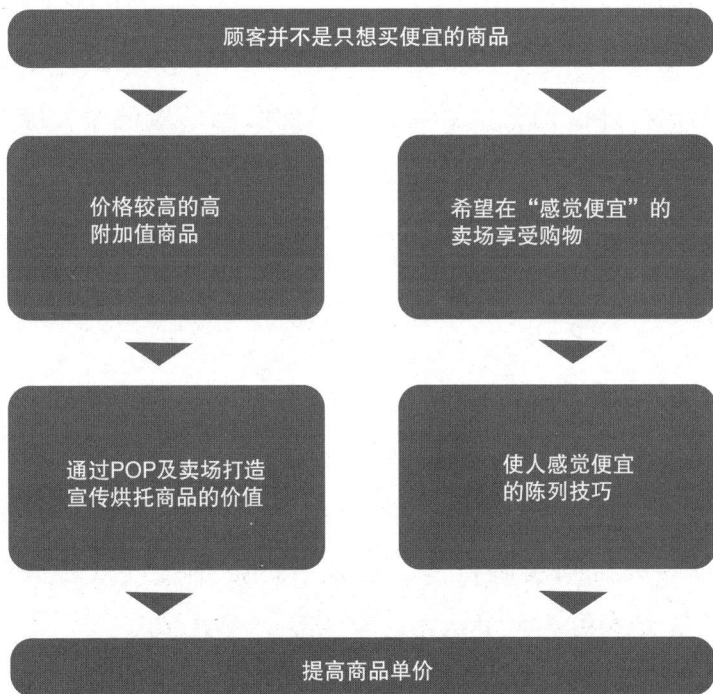

顾客并不是只想买便宜的商品

价格较高的高
附加值商品

希望在"感觉便宜"的
卖场享受购物

通过POP及卖场打造
宣传烘托商品的价值

使人感觉便宜
的陈列技巧

提高商品单价

图 1-11　提高商品单价

◆通过 POP 宣传商品价值

在这里，要考虑让顾客购买售价较高的商品。

为此，需要使顾客通过 POP 了解高附加值商品的内容，使其与特价商品进行比较购买。 另外，还应该使高档商品的陈列与普通商品实现差别化，给人高品质的感觉。

要使顾客了解商品功能时，应该放置电视，让顾客观看商品说明的录像带和 DVD。 此外，用广告单和纸板进行说明也非常有效。

顾客并不是只想买便宜的商品。 有位大型超市的经营者这样评价自己的店铺："虽然东西一应俱全，顾客却没有想买的东西。"由于以往销售时一直把价格的低廉放在最优先的地位，从而忽略了给顾客提供"购物的乐趣"。

◆所谓"感觉便宜"

那么，购物的乐趣是指什么呢？

这里有一个有名的连锁杂货店的故事。 在某个地域对顾客进行问卷调查，问题是"是否感觉这家店铺便宜"，结果顾客大多认为这家店感觉最便宜。

然而，通过实施以基本商品为中心的市场价格调查后，却发现该店铺并不是最便宜的。

为什么会产生这样的差距呢？顾客是在心理上感觉"便宜"，从而享受在这个卖场的购物。

该店多处使用了使人"感觉便宜"的陈列技巧，因此即使商品价格实际高于其他商店，顾客也会由于该店整体营造出的氛围而感觉价格便宜，从而满意地进行购物。

顾客并不是在寻找"便宜"的卖场，而是希望在"感觉便宜"的卖场享受购物。

尝试用销售额公式来思考

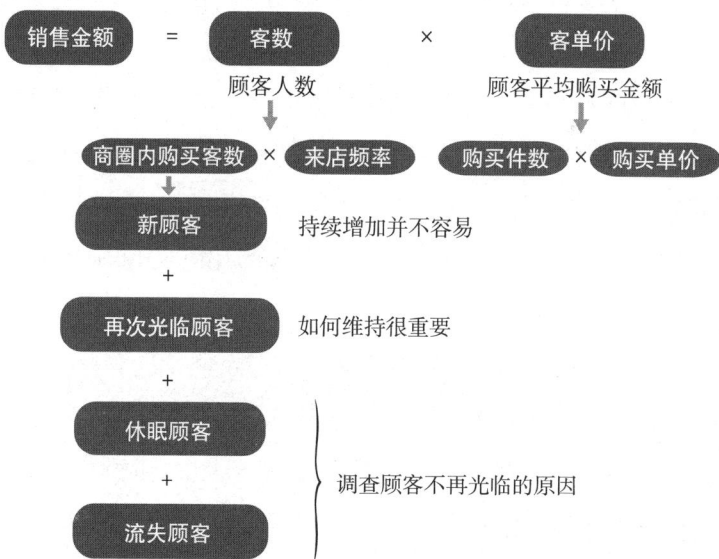

图 1-12　销售额公式

◆如何增加"客数"

在这里，我们把 "客数×客单价"这一用于提升销售额的公式进一步进行分解。

所谓客数，是来店顾客的人数。 而客单价是指顾客的平均购买金额。

如果对客数进行进一步细分，可以将其分为该地域的商圈客数和来店频率。 商圈客数受该地域家族构成及日间劳动人口的影响。 所谓来店频率，是指顾客光临商店的频率，即顾客的来店次数。

客单价分为购买件数和购买单价。 购买件数是指顾客购买的商品数量。 购买单价是指商品的平均购买总额。

首先应该考虑的是 "客数"的增加。 这里所说的"客数"包括"新顾客"和"再次光临顾客"（反复光顾的顾客）、"休眠顾客"（因为某种原因现在不再来店的顾客）、"流失顾客"（放弃来店购买的顾客）3 种类型。

零售业被称为是布局产业。 如果不是具有相当规模的商店，来店的顾客就会仅限于该地域商圈及周围的居民。 在这样的零售业中，想要持续增加"新顾客"，不客气地说是不可能的。

因此，重要的是如何维持老顾客以及如何增加其来店频率。 迪斯尼乐园的反复光顾率为97.5%，这是何其高的一个数字。 利润的源泉就在于反复光顾的顾客。

　　另外，弄清休眠顾客及流失顾客不再光临的原因也很重要。 顾客为什么会觉得来到本店失去了价值？ 由于不能直接去询问顾客，我们可以进行假设。 应该思考一下竞争店、商圈状况及自身的优越性发生了哪些变化。

第 2 章
进一步了解卖场

与店铺相关的陈列架种类①

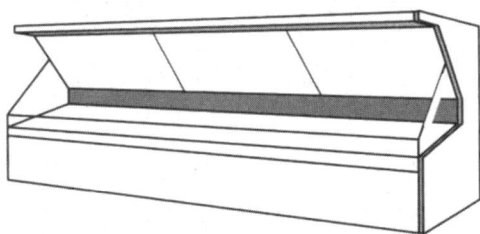

陈列柜
镜型

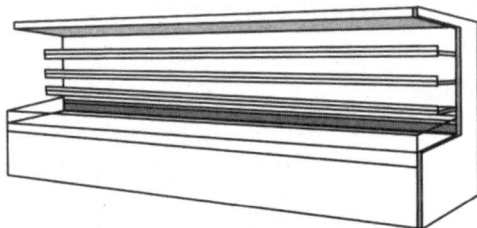

多阶型

平型

自取型

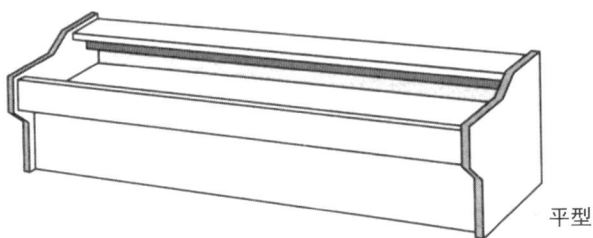

图 2 - 1　陈列架类型①

　　在介绍卖场陈列知识和技巧之前，我想先介绍一下
构成店铺的陈列架。

陈列柜

　　在百货商店和专卖店里，经常使用镶有玻璃的面对
面销售柜台。　此外，在购物中心和便利店里，陈列柜用
来指柜台整体。　另外，还有用来加热包子和油炸食品等
的柜台。

多阶型

　　这是一种具有多层架子的类型，有冷藏用和冷冻用
两种。　在陈列蔬菜和水果的柜台中，还有可以洒水的

类型。

镜型

上方相对位置上安装有镜子的陈列柜，主要用于陈列蔬菜和水果等。 陈列在下方的商品被反射到上方的镜子里，从远处看给人多量的感觉。

平台型

90cm 左右的桌型。 也有带小脚轮、可以用于岛式陈列的类型。 布局方法容易变更。

倾斜型

在平台上采用倾斜型陈列架的类型。 用于果蔬卖场及非冷藏商品的陈列。

平型

上部开口的类型，有冷藏用和冷冻用。 此外，还分为不合盖的开放型及合盖的封闭型。

在便利店的冰淇淋用陈列架中，有的使用风帘将其设置为开放型。

自取型

前方安装有玻璃门的大型陈列柜类型，顾客打开门自行拿取商品，多为超市及便利店的冷藏和冷冻食品所使用。

与店铺相关的陈列架种类②

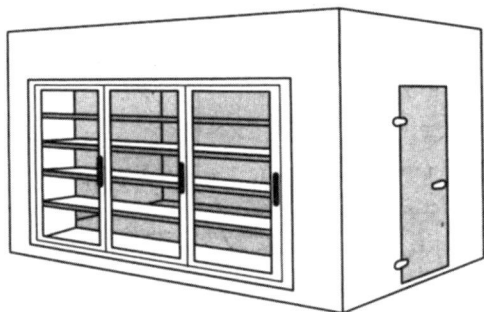

可进入型

货架型

图2-2　陈列架类型②

可进入型

在该类型陈列架中，内部有冷藏商品的库存空间，将商品从该处对货架后方进行补充。货架带有略带角度的滚轮，商品通过这种结构向前倾斜，顾客打开前方的门即可拿取商品。 此外，所谓的"可进入型"，是指可进出仓库。

开放柜型

无门的设计使顾客容易拿取商品。 在冷藏型中，空调在前方吹来的冷风变成了空气帘，发挥了门的作用。

另外，还有货架板进深上下一致的类型及下方突出的 L 字型。

此外，便当及饭团等需要使用恒温箱。 在陈列矿泉水及罐装饮料时，有时会在同一货架上同时进行保温和冷藏。 这是因为在货架板上安装了空调，进行了温度管理。

货架型

普通的细长形货架。 在便利店的中岛，多采用 130cm 左右的高度。 这样卖场整体的远望效果会得到实现，陈列的量感也能恰到好处地展现出来。 此外，这种高度还被广泛应用于专卖店的卖场。

如果陈列架高度为 150cm，就会达到与女性顾客的平均身高相同的高度，因此会令人稍有压迫感。 在商品数量较多时，一般使用这种货架。

此外，如果货架高度超过了 180cm，则不利于看到里侧。 也因为这一点，有些货架的上部充当了储存商品的仓库作用。

另外，可以将货架的背面设置成透明的塑料或网状，利用通透视觉消除压迫感，并使顾客能看到里侧。

与店铺相关的陈列架种类③

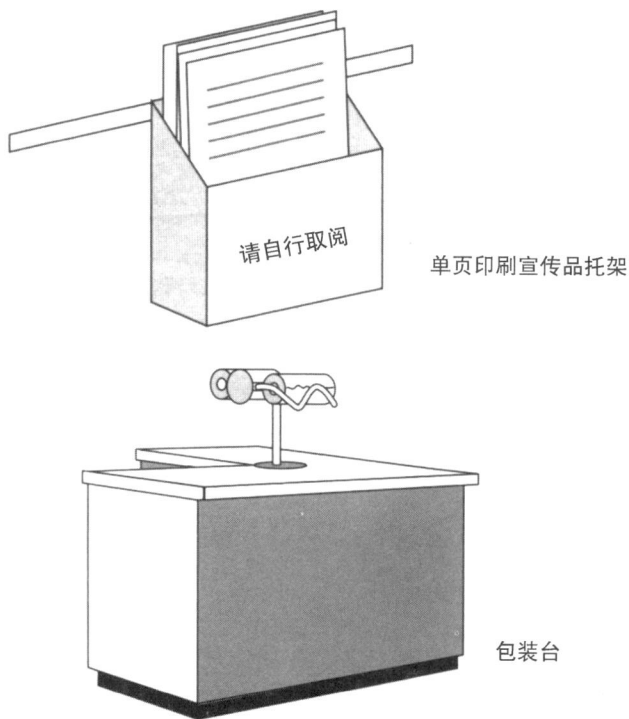

请自行取阅

单页印刷宣传品托架

包装台

图2-3　陈列架类型③

单页印刷宣传品托架

用于放置促销所用的耐用品说明书和烹饪食谱等印刷品。

同时，也可用于新商品及新提案，可将其安装在陈列该商品的货架前方。

扩张货架

是指为展开关联购买而安装在货架前方的小型补充货架。 例如在草莓卖场陈列炼乳，在酱烤豆腐旁边陈列和式芥末等，这对提高客单价的成套销售非常有效。

此外，由于其形状突出于货架之前，所以必须是非冷藏商品。

宣传册陈列架

具有商品信息传播功能，将单页印刷宣传品及宣传册等集中到一处进行展示的大型架子。 要将其设置在店铺进出口旁边。

可以将厂家销售用的礼品兑换卡用钩子连接悬挂于此。 此外，食品的烹饪法也可以陈列于此。

包装台

顾客把在收银台付完款的商品进行装袋的台子，常见于超市等自助式商店。 如果到国外的一些超市去，店员就会在收银员及审核人员之后为顾客进行装袋。 即商品在传送带及斜面台上结过账后从收银台传到后方，店员就在此为顾客装袋。 这在美国叫做打包。

在日本，基本上看不到打包人员，因此由顾客自己在收银台后方的包装台对商品进行装袋。

客动线的最优方案

客动线的类型

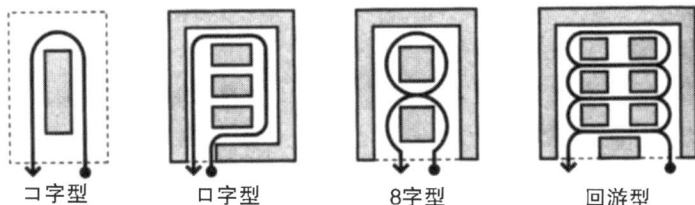

コ字型	口字型	8字型	回游型

不好的布局

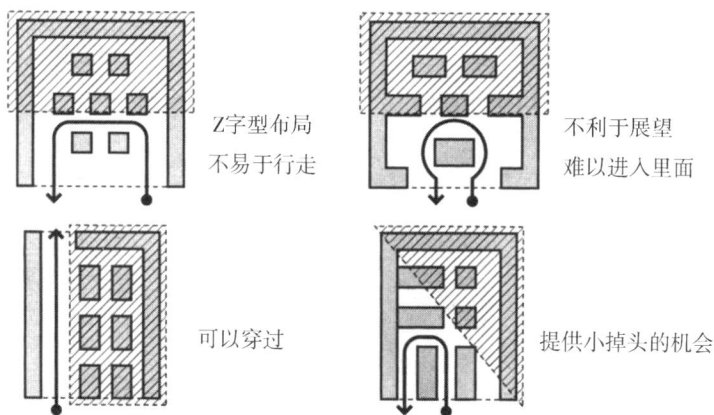

Z字型布局
不易于行走

不利于展望
难以进入里面

可以穿过

提供小掉头的机会

图2-4 客动线与陈列布局

◈将入口设置在右侧

大多数人都属于右撇子，因此左脚就成为起中心作用的利脚。 例如在踢足球时，右撇子的人会以左脚为中

034

心用右脚踢球。 如果是打棒球，一垒则位于右方，逆时针旋转与二垒相对。 此外，在田径 400m 跑道上进行的田径赛及接力比赛，也是围绕跑道左侧而跑的。

无论什么都是向左进行逆时针旋转。 也就是以左脚为旋转中心用右脚进行活动的模式。 将分别按顺时针方向和逆时针方向进行的 400m 田径比赛进行比较，结果显示，按逆时针方向的奔跑时间比按顺时针方向平均缩短 2 秒以上。

因此，即使在商店里，入口也是位于右侧，从而描绘出向左行走的布局动线，即客动线的最优方案。

◆综合判断

然而，无论如何这只是关于"将入口设置在哪一侧"的基本思考方式。 在考虑动线时，要考虑到商店前方哪一侧的通行量更大，顾客主要是通过何种方式来店等各种因素进行决定的。

例如，如果车站和干线道路位于左侧，有时入口就会设置在左侧，描绘出向右行走的动线。 除此以外，也要对安全对策及停车场、作业场所、事务所、送货车辆商品搬入口的位置等进行综合判断后决定商店的入口位置。

商店的形状也是很重要的因素，有正方形、长方形中的横长型、L 型等各种各样的形状。 如果是在店内制作家常菜的商店，水管、煤气管的安装位置也是值得探讨的。

一旦确定了商店的布局，即使对陈列架等配置及照明计划产生影响，也很难变更。 因此，需要在事前进行充分的调查。 要从交通量、商圈等所有因素方面收集数据进行探讨。

布局由3个区域组成

表2-1　店铺布局的三个区域

店头	店中央	店深处
将顾客引入店内的效果	决定商店给人的印象	延长顾客店内停留时间
提高周转率	提高购买件数	提高购买单价
基本不接待客人	采取接待客人的准备机制	接待客人
新商品及低价格带商品	中心价格带商品	高价格带商品
自助	主区域	指导促销

◆店头基本不接待客人

店铺大致可以分为3个区域进行考虑。

首先，承担将顾客引导至店内作用的是店铺入口周边区域。 特别是位于入口处的橱窗陈列，具有将顾客引入店里的作用。 因此应在这里陈列代表商店脸面的推销商品。

店头陈列的商品种类有提高顾客来店频率的作用，因此在该区域陈列新商品及低价格带商品，将顾客引入店内。 此外，即使是为了提高商品周转率，在该处也应基本不接待客人。 让顾客自行选择商品的自助卖场成为该区域的中心。

其次是店内，商店的中心部分成为卖场的主区域，在这里要设法提高顾客的购买件数。 另外，该部分是中心价格区，同时也是决定商店印象的地方。 从该处往里，逐渐陈列高价格带的商品。 此外，广告商品是顾客来店的动机商品，是经常被购买的商品。 因此要将其醒目地陈列在店前，同时也要在店里毫无遗漏地设置磁石点以提高回游性。

◈在店铺深处提高购买单价

最后是商店的深处部分。 在这里主要考虑提高客单价。 例如，即使是为了延长顾客在店内的停留时间，也要进行指导销售。 为此，还要探讨一下准备接待客人用的桌椅问题。

此外，接待顾客要从店中央到店深处部分进行。 在这里，可以从顾客的谈话中了解其需求。 继而展开功能性、高附加值及高价商品的柜台。

露天体育场式布局展示

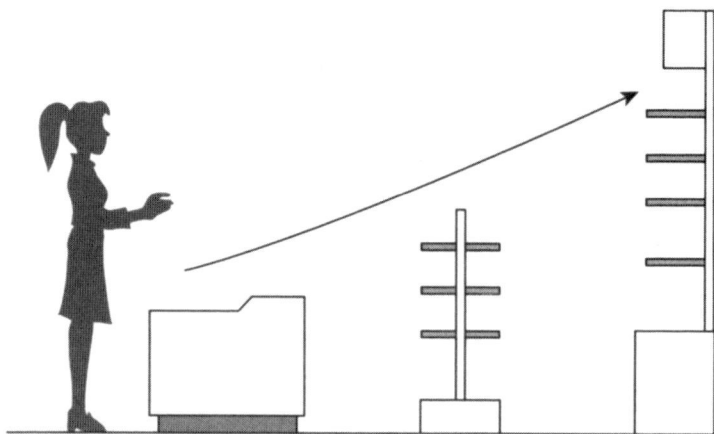

顾客在店头可以看到店铺深处

图2-5 露天体育场式布局

◈使顾客对整个商店一览无余

露天体育场式布局是指顾客在店头张望时，可以看到商店深处陈列的状态。 即类似于顾客站在露天体育场张望观众席的感觉。

前面使用低陈列架，越往深处使用的陈列架越高。例如店头是一个 90cm 左右的平台。 店头的顾客通过率也会变高，因此此处的商品构成应是周转率高、低价格带商品。

其次，在店内使用 135cm 左右的货架。 这是一种顾客胸部以上部分可以看见的高度，从而使顾客无压迫感地在店内走动。 此外，由于可以清楚看到顾客的位置，店方也可以作好接待顾客的准备。 该处的商品构成为主商品。 商品周转率为商店平均水平，陈列中心价格带的商品。

另外，同店头一样，让我们在该处也展开空间展示吧。 特别是在天花板较高的商店里，更应该注重这一点。

即使在天花板较低的商店，这一点也可以得到应用。 比如说可以活用透明丙烯板，将文字部分粘贴上去，可以体现凸出感。 由于是透明的，不会给人压迫感。

◈将顾客引导到商店深处

最后，将墙面作为货架使用。 在商店深处，将展示用的商品置于手够不到的墙壁上部，在该墙壁下方的货架上陈列销售用的商品，通过这种方法将在店头观看的顾客诱导到商店里面。

该处的商品构成为辅助商品，周转率不是很高，但确实是顾客需要的东西，因此价格也是比较高端的商品。

通道由主通道和辅通道构成

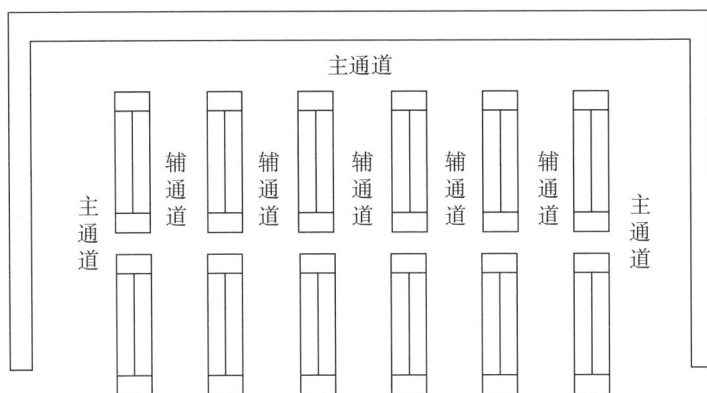

图2-6　主、辅通道

表2-2　通道宽度

店铺类型 通道类型	小规模商店 （10 坪）	便利店 （30 坪）	市中心型超市 中等规模商店 （50 坪）	郊区型超市 百货商店量贩 店（100 坪）
主通道	1m	1.4m	2m	2.7m
辅通道	0.8m	1m	1.5m	2m

◆■主动线的设定

店铺中分为主动线和辅动线。

作为主动线，要在 80% 的顾客通过的地方，确保最宽广的通道宽度，营造舒适的购物环境。

作为辅动线，要使其成为能够让 20% 的顾客停留的通道。 此外，主动线与辅动线相互联动。 偏离主动线即为辅动线，要使顾客可以方便地从辅动线返回到主动线。

理想的主动线一定是直线。 这是由于如果通道上有高度差或一些平缓坡度的话，顾客必须不断地进行安全确认。

另外，陈列架前方边缘也不能凹凸不平。 虽然有些商店由于使用的货架尺寸及支柱的原因，陈列架的前线不成一条直线，但是如此一来在安全方面就会存在隐患，顾客在行走中也会感觉有压力。

此外，拐角也要控制在最低限度。 即使有拐角，也要将其设置成 90 度。 因为这样容易设置陈列架。 另外，如果有拐角，顾客就要进行安全确认，这样就容易中断购物意识。 为了让顾客意识迅速返回到购物模式，就要对拐角设置下工夫，使拐角前后的商品种类产生联动。

◆如何设置通道宽度

主辅通道的宽度因卖场的面积规模、布局及营业状况的不同而不同。 此时，一般认为顾客的肩宽约为 50cm。

另外，还有购物筐的因素。购物筐的尺寸以超市购物框为标准，小型的是便利店类型，大型手推车是郊区购物中心的类型。

分类卖场①

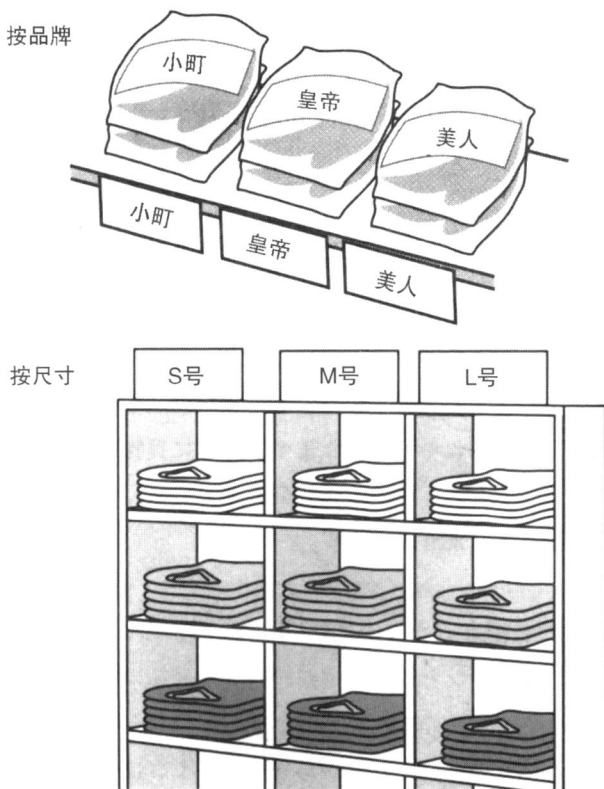

按品牌

小町　皇帝　美人

小町　皇帝　美人

按尺寸

S号　M号　L号

图 2-7　分类卖场①

要对各个货架及陈列架进行货架分割。 商品在卖场中的配置需要让来店的顾客一眼就能看懂并理解。 这里将就其分类方法进行解说。

按用途进行的分类

○按品牌

将商品按品牌区分的陈列方法。 这是在自助型店铺中最常见到的配置方法。

○按功能

将商品按照功能性进行分类的方法。 是陈列功能性食品（健康食品）及有机商品等的方法。 用 POP 对具有附加值的功能性食品进行说明。 这种商品价格也相对较高。

○按尺寸

在服装卖场，按 S、M、L 号等服装的尺寸进行陈列的方法。 如果是鞋类卖场，则按照 24.5cm、25cm、25.5cm 等尺寸进行分类。

○按包装

将果酱、蜂蜜等的袋装、盒装、瓶装等包装按种类进行配置的方法。 以往瓶装的果汁变为了罐装，现在变成了聚乙烯塑料瓶装，携带性提高，更加便利。

按顾客层进行的分类

○按关联

在蔬菜市场陈列色拉调料等、配置与主题及季节相关联的多个商品的方法。 可以在生鲜食品及食品杂货、非食品商品卖场展开菜单提案型和基本商品型陈列。

043

○按菜单分

向顾客提供咖喱、火锅等各种烹饪方法的提案。 通过在同一地方集中购买关联食材，可以获得购买件数和客单价的提升。

分类卖场②

按份量

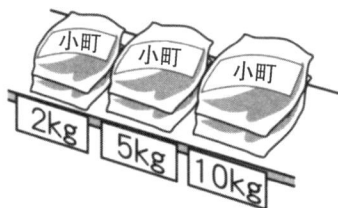

按节日

按色彩

按厂家

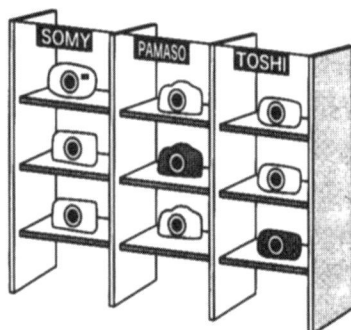

图2-8 分类卖场②

○按价格带

例如"全场 100 日元"等以价格带进行配置的方法。 同时也可进行诸如"每两个 198 日元"等让顾客感到实惠的提案。

○按分量

例如大米的 2kg、5kg、10kg 的包装等按重量及数量进行配置的方法。 由于分量较重，应尽量将商品陈列在收银台附近，以便搬运。

○按节日

以新年、圣诞节等节日为主题进行配置的方法。 在节日当天、当周、当月提前开展，并逐渐扩大卖场。

○按季节

夏季的挂面、冬季的火锅等以季节为主题的商品陈列方法。 以图示板及演示物等进行有季节感的卖场陈列，同时销售与其关联的容器和食材。

按感观进行的分类

○按色彩

根据色彩分类的陈列方法。 例如女性喜欢的淡色调和男性喜欢的暗色系。 通过各种颜色提升展示效果。

○按设计

根据商品设计进行分类的方法。 例如衬衫，可分为有无彩色条纹、长袖及短袖等。

其他分类

○按素材

将咖啡按照速溶、豆类等进行分类配置这种按照原料、素材及材料进行陈列的方法。 通过在卖场降价销售咖啡豆，使顾客产生购买欲望。

　　○按厂家

　　按照商品生产厂家进行陈列的方法。 喜欢该厂家的顾客，对该厂家的其他商品也会有所偏好。

没有进行关联销售的原因

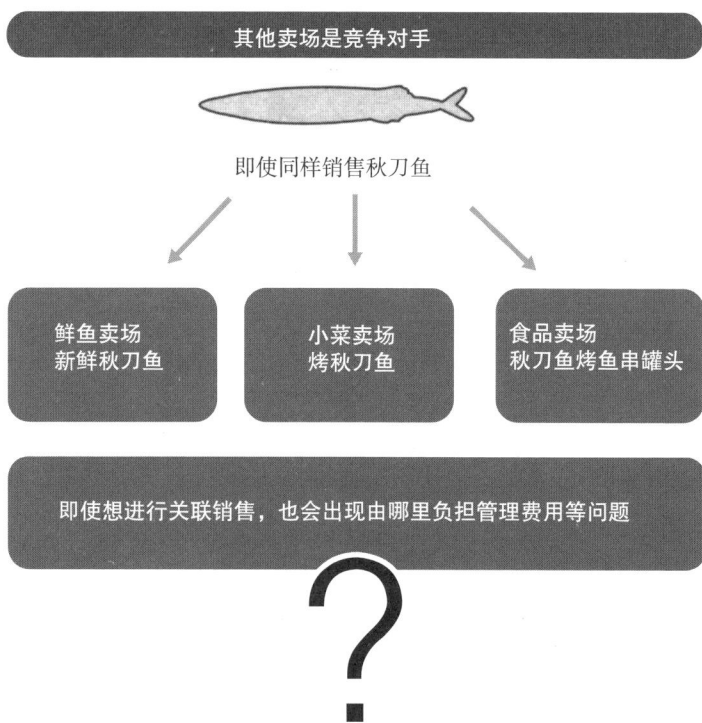

其他卖场是竞争对手

即使同样销售秋刀鱼

鲜鱼卖场
新鲜秋刀鱼

小菜卖场
烤秋刀鱼

食品卖场
秋刀鱼烤鱼串罐头

即使想进行关联销售，也会出现由哪里负担管理费用等问题

图 2-9 预算管理的问题

◈大多数卖场只按品牌分类

我们把以一个共同主题及关联商品进行的陈列叫做关联销售。 零售业的顾问可以说一定会强调在卖场里按照关联销售和季节进行陈列。 对顾客而言，这样应该会更好。 然而，现状是大多数卖场都只进行商品的品牌分类。

究其原因，我们可以列举出预算管理问题。 超市中由各卖场的负责人进行预算管理。 我们把这称为"部门别营业利益管理"。 各卖场的店铺设施维持管理费不尽相同，相乘的系数率也会有相应调整。

即使在同一商店，各卖场之间也存在着竞争关系。例如，鲜鱼卖场里销售新鲜秋刀鱼，小菜卖场里会有烤秋刀鱼，而普通食品卖场里在销售秋刀鱼烤鱼串和罐头。 这样，即使同样是秋刀鱼，也有多个卖场为迎合顾客的各种需求在销售同类商品。

◈管理费用由哪里负担

如果在这其中展开关联销售，就会出现场所设施管理费由哪里负担的问题，因此要事先进行充分沟通。

最近，卖场当着顾客面制作晚餐的小菜，并允许顾客试吃，同时分发印有烹制方法的传单，使顾客可以购买相关食材。 然而有时候顾客必须走遍各卖场才能买到自己需要的食材。 从这一点出发，应该将相关材料陈列在一起。

Z定律

◈顾客通过Z定律浏览商品

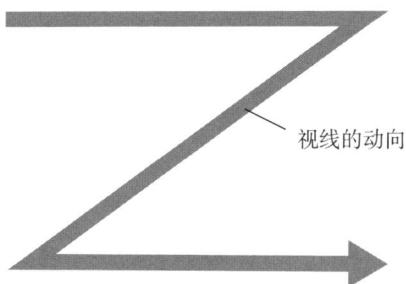

视线的动向

人类的视线，一般是从左上方到右上方，从左下方向右下方移动。
因此传单的放置也要考虑到该定律。

中心商品	一般商品
希望销售的商品	高附加值的比较商品

图2-10 Z定律

◈人类的视线动向

顾客在面对陈列架时，常常首先是浏览货架最中间
的部分。 这是由于顾客在货架中央会感觉没有压力。

另外，也有数据显示， 把同一商品从同一货架内边

缘转移到中央部分进行销售时，销售数量增加了 12% 。

视线的动向是由左到右。 在大脑中，右脑主管图像，与左眼直接相连，所以一般认为人类倾向于从左侧进行识别。 因此，在 POP 和海报中基本上也是将图片放置在左侧，然后将希望顾客阅读的评论和价格等文字放置在右侧。

顾客在上下层的视线，是按照从左上方移到右上方，然后移到下层的货架，继而从左下方移到右下方的顺序移动的。 因此，视线从左上方开始如 Z 字形般移动。 我们把这种现象称为 Z 定律。

◈按照 Z 定律陈列商品

要注意将活用 Z 定律的商品陈列设置成横式或纵式，这一点非常重要。 在 POP 和广告单中也要进行同样的排列。

首先，左上方的中心商品构成了传单及商店整体的形象。 要使顾客明白商店想要诉求什么，这一点很重要。 因此要在该处放置低价商品或标注一些引人注目的广告语等。

在右上方及左下方的区域陈列商店的一般商品及希望销售的商品。 主商品群以正中央为中心展开。最后在右下方陈列高档次、高附加值、高价格、高毛利的比较商品。 通过将其陈列在最后来向顾客进行展示。

049

当然，最中央的部分是注目率最高的部分。该处应放置传单上的主打商品。

纵向陈列

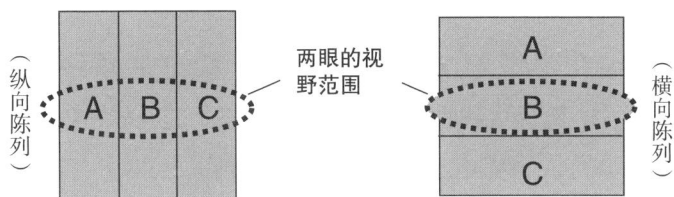

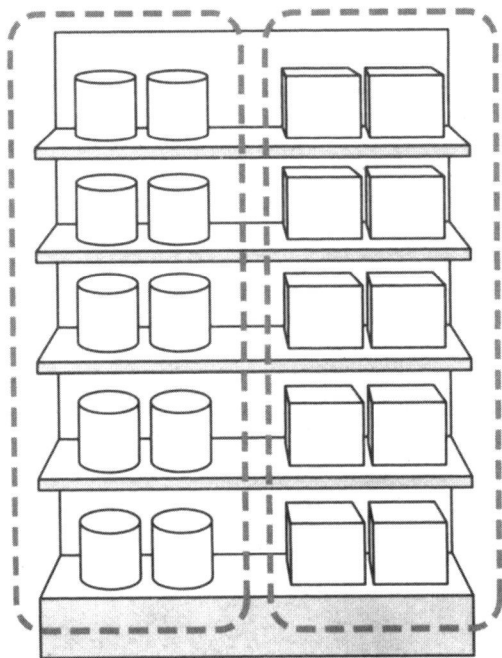

图 2 - 11　视野范围的差异与纵向陈列

◈使顾客按照纵线比较商品

所谓纵向陈列，是指使顾客垂直浏览纵式分类的商品及种类的方法。

在纵向陈列中，将某商品线垂直对齐，在货架上采用一定的幅度陈列商品，然后将关联商品陈列在下一层货架上。

要让顾客从货架上方开始逐层浏览商品，这样每层的商品信息自然就会进入顾客视线，便于顾客在纵线上对商品及种类进行比较。

此外，最大的特征是无论哪一种商品群一定要有一部分被陈列在黄金区域。如此一来，每个商品群能被顾客浏览的机会就可以实现均等化。特别是当商品群中销售额构成比差距很小，想把所有种类的一部分都放置在黄金区域来提高注目率时，纵向陈列就发挥了其优越性。

如果货架为高度160cm以上的高货架，正中央及中段部分就会成为黄金区域，因此纵向陈列具有相当的优越性。

◈便利店的纵向陈列

此外在便利店中，使顾客首先在进入视野的90cm宽度的陈列架中浏览商品。其次使其视线纵向移向下一层同样宽度的陈列架中进行横向浏览。如此一来，顾客的视线就会在 90cm 的宽度中从上到下按照 Z 定律进行移动。

我们人类的眼睛是分 2 个横向并列在脸上的，视野呈横方向的椭圆形。因此，我们能很好地看到横长形的信息。

要使顾客以少量浏览到多个商品种类，纵向陈列是最合适的陈列方法。

横向陈列

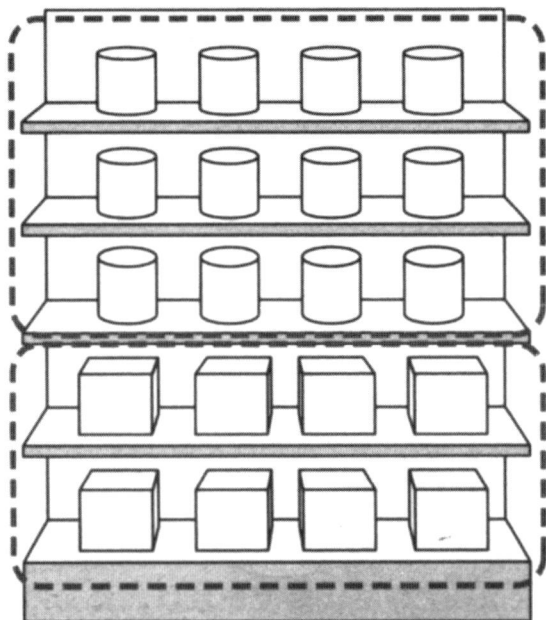

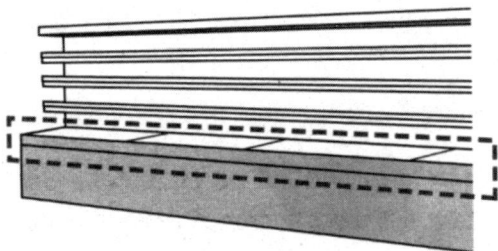

图 2-12　横向陈列

◆让顾客把卖场看作一个大货架

所谓横向陈列，是指使顾客水平浏览分类商品及种类的方法。

横向陈列的特点是可以把多种商品以压倒性的数量进行陈列。关联商品也容易进行陈列。因此，就能将顾客的视线从货架的边缘广阔地引导到货架的角落，从而收到使顾客把卖场整体看作一个大货架的成效。

然而，在大型商店里，顾客有时不能毫无遗漏地浏览所有商品。在这种情况下，就要考虑依照性别、顾客群、年代层、用途、使用状况、尺寸等进行区分。另外，要使顾客一眼就能明白商品货架上的陈列，这一点非常重要。

在超市等商店，有时会在商品货架上出现销售额构成比差。此时，L 字型陈列架最下层伸展出的部分，就会成为陈列 A 级别高销售额商品的黄金区域。因此要使该处成为横向陈列中注目率最高的地方。

此外，销售额构成比差较小时，可以将少量商品放入黄金区域以提高注目率，此时纵向陈列会发挥优越性。

另外，根据陈列架的不同也会产生差异。如果是放置大型商品的 130cm 货架，最上方就会成为黄金区域，此时横向陈列发挥优越性。当服务台设有收银台时，水平放置的横向陈列就成为易于一目了然的商品陈列方法。

进一步的，如果货架是 160cm 以上的高货架，则正中央及中段部分成为黄金区域，此时纵向陈列具有优越性。并不是一定要统一成横向陈列或纵向陈列中的其中一种，要根据商品、货架和陈列场所的不同，探讨哪种陈列方法更能发挥优越性。

横向陈列是最适合大量陈列少数种类商品的方法。

根据五感打造卖场

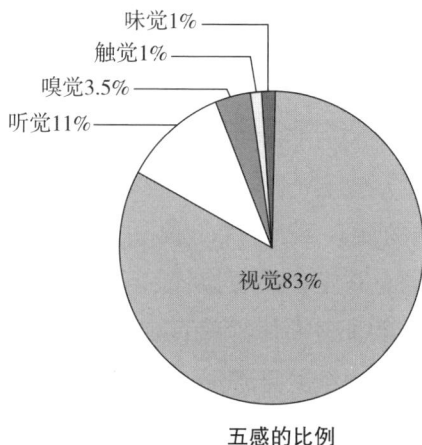

味觉1%
触觉1%
嗅觉3.5%
听觉11%
视觉83%

五感的比例

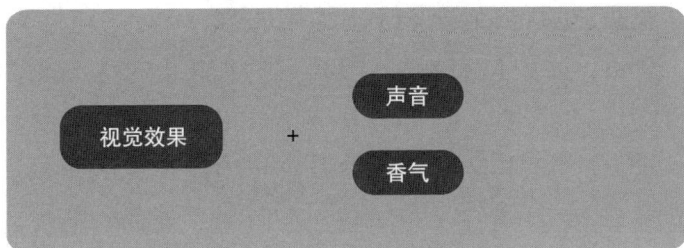

图 2 – 13　视觉对卖场很重要

◈视觉尤其重要

我们人类具有视觉、听觉、嗅觉、触觉和味觉这五感。

假如一个人吃过柠檬和咸梅干，那么他只要通过看到这一视觉信息，就能联想其酸味，且嘴中分泌唾液吧。然而，如果是既没见过梅干也没吃过梅干的人（外国人或儿童），单凭想象是怎么都想象不出来的。一般而言，我们仅仅通过来自视觉的信息，凭借过去的记忆瞬间识别出其是什么味道。

在五感之中，映入眼帘的视觉效果占到了压倒性的很高比例。

对顾客而言，在商店卖场映入眼帘的视觉信息就变得非常重要。正因为如此，才需要努力进行卖场陈列。

也就是说，如果不能进行有魅力的卖场陈列，会对销售额产生影响。此外，为了使视觉要素最大化，也要通过其他效果进行补足和加强。

055

◈通过其他效果进行补足和加强

例如，如果是夏季的卖场，就在清凉的挂面和荞麦面的卖场展示中，循环播放风铃声及小河的潺潺流水声。此时，并不是单纯地只销售面和佐料汤的食材，同时也配套销售筷子、透明玻璃容器、制冰盘等关联商品。

如果是冬季的卖场，也可以考虑在火锅卖场加入用刀切碎材料的声音及咕噜咕噜煮开的声音。同时，连同锅具、锅、汤勺和煤气罐一起销售。

此外，也有些户外商店，使扁柏成分的微香在卖场散发，打造出令人感到自然亲近的品牌形象。

先入·先出陈列

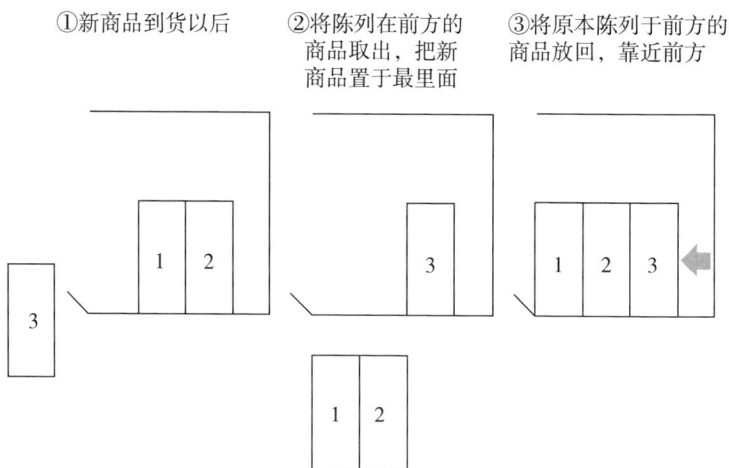

①新商品到货以后　②将陈列在前方的　③将原本陈列于前方的
　　　　　　　　　　商品取出，把新　　商品放回，靠近前方
　　　　　　　　　　商品置于最里面

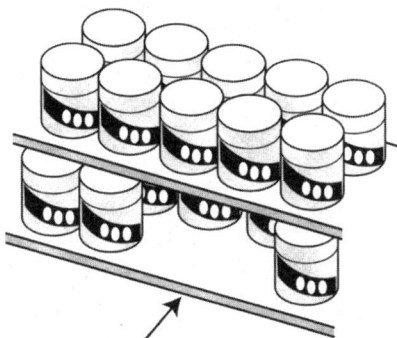

如果不进行前进式
陈列，就会导致销
售机会的流失

图 2－14　先入·先出陈列

◆新商品置于里面

任何商场都是一样，基本上遵循先入先出的陈列原则。

所谓先入陈列，是指将保质期最长的或新的商品置于货架的里侧。　也就是指将进货商品按照进货顺序，从前方开始陈列在卖场进行销售。

如果不进行具体的指示，委托兼职或临时工作人员进行商品陈列，有时会出现原陈列架上的商品原封不动，而新商品置于前方的情况。　这是因为这样的操作简单且轻松。

在进行补货时，首先要把现在陈列架上已有的商品暂时取出来。　然后，将新到货的商品放到里面，最后再把卖场已有商品放进去。　如果不这样做，商店先进货的商品无论到何时都无法销售出去。

◈不要忘记前进式陈列

最后，要注意使用前进式陈列，尽量将商品置于前方。 因为通过将商品置于前方，至少可以让顾客认为卖场有很多商品。 空货架会让人感到商品贫乏。

另外，这也是为了避免当商品位于下层货架不能进入顾客视线时，被判断为商店没有库存而丧失销售机会。

然而，现状是太多的卖场未能遵守基本的先入先出方法来进行前进式陈列。 出现这种情况的原因就是因为这种陈列方法没有被标准手册化。 只要每天遵守这两条准则，销售额就会得到很好的确保和提升。 反之，正是因为没有遵守所以销售额才上不去，这就好比自己亲手扼杀了卖场。

前进式立体陈列

前进式立体陈列
＝
前陈•正面朝上

◎展示量感
◎提高注目率

大酱　大酱　大酱

特价8折　特价8折

058

前进式立体陈列中的注意事项

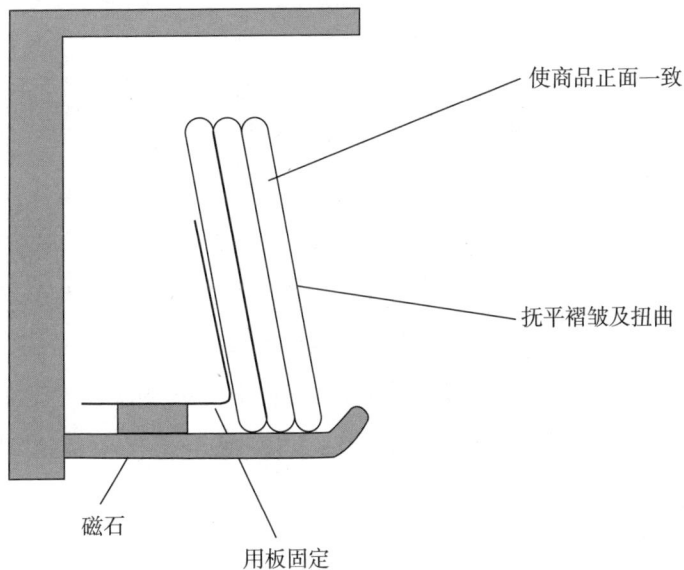

使商品正面一致

抚平褶皱及扭曲

磁石

用板固定

图 2-16 前进式立体陈列

◆将前进式陈列进一步优化

所谓前进式立体陈列，顾名思义就是将商品放置在陈列架的最前方，进行立体堆积。 有时也被当作是前进式陈列的同义语，但应该认为其是比前进式陈列更优化的陈列方法。 即意味着将商品放置在前方，并进一步使其站立。

通过进行前进式立体陈列，即使是很少的商品数量，也能打造出具有量感的陈列。 此外，即使是下层的货架，通过将商品陈列在前方也可以提高注目率和购买率。

◆使商品站立

为此，需要设法不让商品滑到里面去。 例如，在底面用带磁石的倒 L 字型板进行固定，这样即使是少量商品也能使其一直位于前方。 此外，为了使顾客看到商品的正面，不是将商品横放，而是使其站立、正面朝外进行陈列。 为此也要利用陈列辅助道具。

然后，一定要把商品的正面在正对面对齐。 包装面的正面不能倾斜。 如果是袋装的商品，要抚平其起皱的褶纹。

此外，同一商品的角度和朝向在卖场中也要统一。

并不是单纯地只把商品纵向陈列在前方，有时也要使包装面呈现一定的角度以便于顾客浏览。 如此一来，商品包装被注目的面积率就会上升，使顾客更容易将商品拿到手中。

在一天的黄金时间之前，一定要进行该操作，只要这样做，销售额就会得到提升。

然而现实中很少有商店在进行该操作，而这正是业绩好的商店一定会实施的业务。

销售额最高的黄金区域

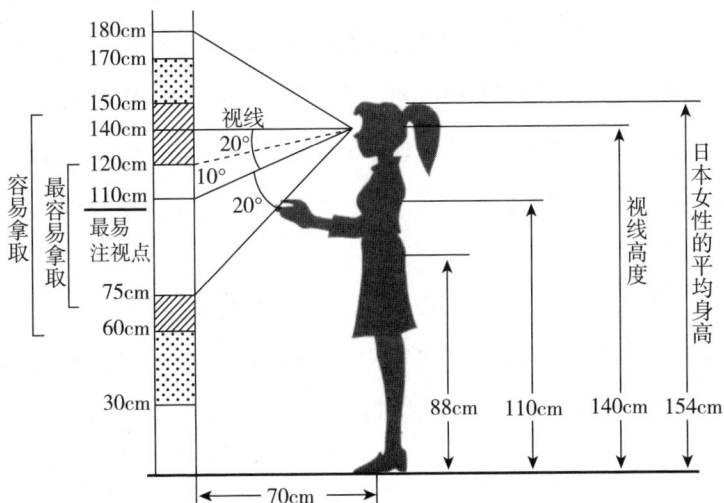

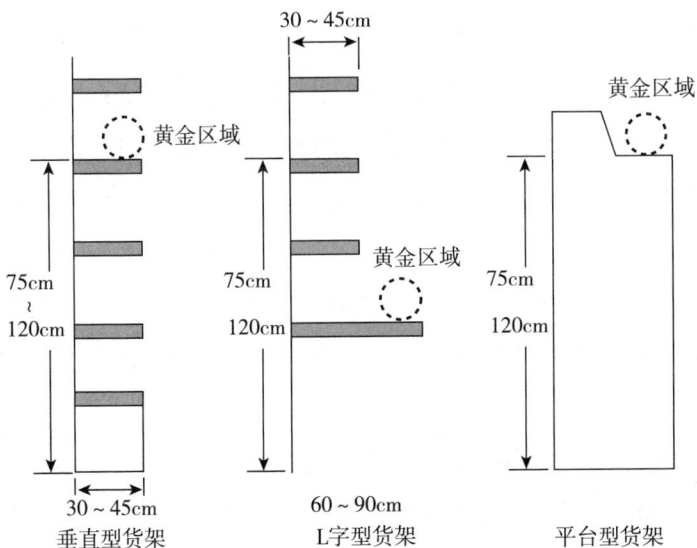

图 2-17　货架的黄金区域

◈低于视线20度左右的地方

顾名思义，黄金区域表现了卖场中销售额最高的区域。 在有些行业中，也称作黄金空间、黄金线。

通常，我们人类的视线会浏览低于视线20度左右的地方。 平均身高为154cm的日本女性，视线高度为140cm左右，因此其下方100cm左右的区域为容易触碰商品的空间。

如果陈列架为垂直型货架，则"有效陈列范围"为50cm到180cm，男性的70cm到160cm和女性的60cm到150cm成为容易拿取商品的黄金区域。

◈黄金区域是变化的

然而，黄金区域会因陈列架的形态而发生变化。 例如，在L字型货架陈列架中，要把沉重的商品及体积大的商品放在面前容易拿取的位置上，而不是放在上层。在这种情况下，最下层就会超越中央部分成为黄金区域。

此外，在陈列电器等商品的平台型货架中， 100cm左右处最容易拿取和浏览，从而就会超越里面的货架层，成为优越位置。

另外，如果是面向儿童的零食卖场，则符合其身高的80cm以下部分成为黄金区域。

男性工作人员在进行以女性为对象的卖场陈列时，

往往以自身视线为准进行操作，这样不当的例子有很多。

所谓"黄金区域"，也会因顾客群、商品构成和陈列架发生变化。 但无论如何也要考虑卖场的中心顾客群伸出手时的下限及上限位置。 顾客站着就容易拿取商品的空间即为黄金区域。

街上经常可以见到的黄金区域设计

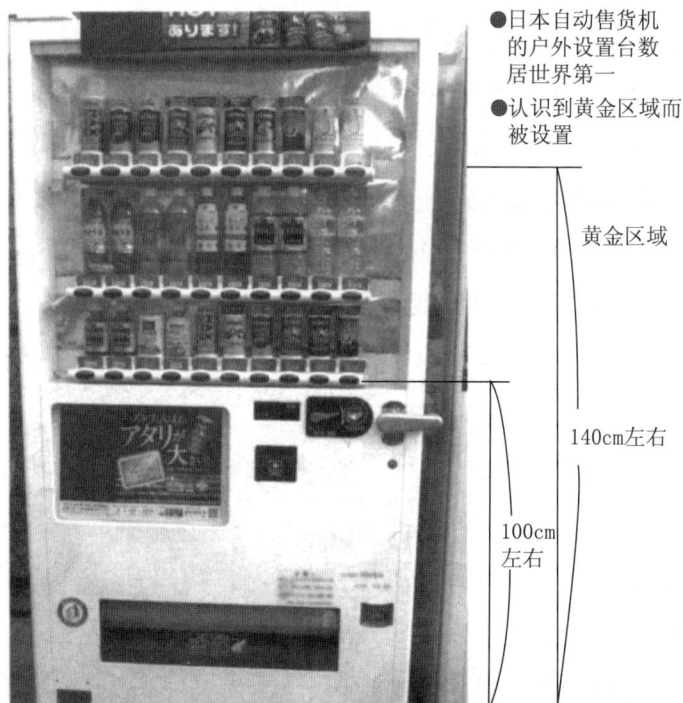

●日本自动售货机的户外设置台数居世界第一

●认识到黄金区域而被设置

黄金区域

140cm左右

100cm左右

图 2-18　自动售货机的黄金区域

◈日本自动售货机的户外设置台数居世界第一

如果您正在从事零售业，就会在日常生活中也观察到黄金区域。

即使平时走在路上，也有东西可以让我们意识到黄金区域，这就是自动售货机。

自动售货机在全日本有 540 万台之多（其中一半为销售饮料用。2007 年社团法人日本自动售货机制造商协会提供数据。——编者注）。 特别是户外设置台数，在全世界居于首位。 这是因为出于治安考虑，海外的很多国家都将自动售货机设置在室内。

例如，我们假设在销售果汁的自动售货机里，分纵向 3 层陈列着商品样品。 此时，最下层的购买按钮就与黄金区域的下层一样，离地面 100cm 左右。 另外，最上层的购买按钮位于 140cm 左右。 在中型的售货机中，商品样品陈列的横向宽度为 90cm 左右。

◈作为无店铺销售

自动售货机是相当于无店铺销售的零售业销售形态的一种，即没有实体店铺而销售商品的方法。 但即使是这种属于无店铺销售的自动售货机，也仍然活用了黄金区域。

如此一说，可能会有人认为是理所当然的。 然而当我在研讨会上问及大街上同样利用了黄金区域的东西是

064

什么时，经常无人能够回答。 它就是这样一种在日常生活中很容易被忽视的东西。

　　然而，如果您是业内人士，请养成在生活中确认黄金区域的习惯吧。 这是因为通过意识到黄金区域并亲身体验后， 即使回到商店后也会对黄金区域进行再次确认。

有时要使黄金区域不引人注目

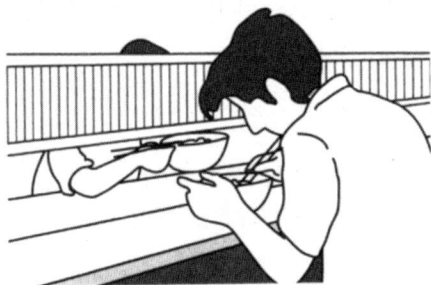

饮食店

用餐时能感觉到别人的视线让人很不愉快

吸烟场所

要使顾客可以利用该空间平静地休息

图 2-19　隐蔽的黄金区域

◈努力使顾客感觉不到视线

将最希望顾客购买的商品陈列在黄金区域。 然而在有些行业中，相反地，要使该黄金区域部分不引人注目并有必要进行遮蔽。

这里指的是既不让顾客在黄金区域感受到来自外面的视线，也不想被区域周围看到的场景。

例如机场及车站的吸烟室。 只不过对在吸烟室里吸烟的人而言，相反地对外面的视线会比较在意。

因此，在最引人注目的地方，要努力使人们坐下或站起时，可称为黄金区域的正面位置不能直接被人看到。 可以利用烟色玻璃等进行遮蔽。

◈不使个人特殊化

即使是1 000日元一次的理发店也是依据该思路而建的。 既能从外面看到有多少顾客在等的整体情况，也要令坐着等候的顾客脸庞部分不被看清，使其不被特殊化。

另外，如果是快餐店等饮食店，在面对面的柜台坐席上也要进行遮蔽，使正对面顾客的脸庞部分不被看见。

没有比用餐的时候感受到别人的视线更让人厌恶的事情了。 因此，要努力使顾客能够平静地独自享受用餐。

在店铺设计的现场，需要因地制宜，有时要活用黄金区域，有时相反地却要将其遮蔽起来。

第 3 章
打造魅力卖场，持续提高销售额

用 VMD（视觉营销）打造魅力卖场

VMD ＝ VP + PP + IP

　　　＝ 展示 + 实际销售商品

展示 ＝ VP + PP

实际购买商品＝ IP

VP ＝ Viaual Presentation
　　　对商店整体及楼层整体的商品进行提案

PP ＝ Point Presentation
　　　对柜台和货架商品进行提案

IP ＝ Item Presentation
　　　商品自身的陈列布局

◈卖场展示中不可或缺

VMD（视觉营销）是一种打造魅力卖场的技巧。 这里是指实行向顾客诉求视觉的商品（进货）计划，并进行卖场展示。 如今也成为卖场向顾客传达视觉信息的技巧总称。

最初是在1944年（昭和19年）第二次世界大战末期，美国的展示业者Alpert Bliss氏首次使用了该词语。国外叫做VM，在日本被称为VMD。

继而，20世纪70年代后半期，VMD在美国百货商店大型复苏时开始被正式采用，作为剧院式陈列的要素而被活用于表现具有故事性的信息。

VMD是在百货商店、高级精品店及品牌专卖店中得到大力发展的技巧。 最近，该理论在超市和量贩店中也开始被应用。

例如，我们假设有一件只是单纯陈列在卖场的毛衣，还有一件穿在人体模型上的同款毛衣。 此时，人体模型的展示就会在视觉上展示出商品的价值，从而促进了购买。

◈VMD 的内容

在VMD中，可以把卖场分为"展示"及"希望顾客购买的实际销售商品"两大场所。 此外，展示又分为两

种：Viaual Presentation（简称 VP）和 Point Presentation
（简称 PP）。 另外，希望顾客选购商品的地方为 Item
Presentation（简称 IP）。

VMD 的作用

图 3 - 1　VMP 的作用

VP（Viaual Presentation）

VP 是展示中成为商店颜面的部分。 它营造出店铺及卖场的整体形象，起到诱导顾客进入店内及卖场的作用。

这里指作为展示商店主题及理念、时下流行物、季节商品、希望销售商品及畅销商品的场所。 也可以对生活方式进行提案。 此外，也会使用造型物品等辅助展示，如时装店里使用人体模型。

此外，VP 体积比较大，例如在商店入口处迎接客人的橱窗及楼层的代表性展示部分。 另外，除在电梯前及主舞台以外，VP 也会被置于展示桌上。

PP（Point Presentation）

PP 在展示中，主要用于打造位于商店里面的货架、支柱周围及墙壁处的卖场。 同时也成为代表整体的 VP 以外的展示。 在店内，也在中型展示桌上进行展示。

此外，PP 还与 IP 相联动，进行烘托商品的展示。 PP 的旁边必须同时有 IP。

PP 还会利用展示辅助物进行提案。 PP 成为磁石点，具有像磁石一样将顾客吸引过来的效果。

IP（Item Presentation）

IP 是卖场中陈列实际销售商品的地方。 同时，也是顾客直接和最终决定购买的地方。

IP 与 VP 和 PP 展示进行联动，以使顾客最终到达陈列商品的地方。 因此，理想的状况是创造出顾客在店头看到 VP，继而看到 PP 最后到达 IP 这样的流程。

在顾客终于到达的地方陈列着 IP 商品。 此时的 IP 商品必须易浏览、易拿取且易选择。

用 VMD 塑造故事

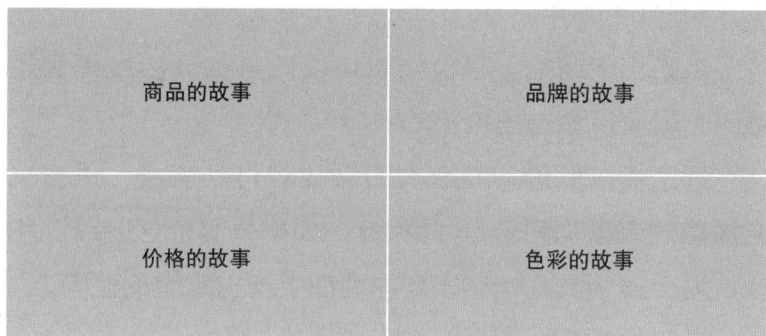

商品的故事	品牌的故事
价格的故事	色彩的故事

图 3-2　配合各商品的信息性塑造故事

VMD 的特征在于通过展示，根据商品的信息性塑造故事。 它不是单纯地让顾客购买商品，而是要让顾客在故事中挑选该商品持有的主题和信息。

商品的故事

提案新风格的商品。 此外，也通过充满新变化的商品组合向顾客传递信息。

071

例如，在女裙及长裤等种类中，可进行商务和个人两方面的提案。

品牌的故事

卖场经营的名牌商品。 进一步的，也可由高附加值的自有商品构成。

如果是国外有名的品牌，店铺及卖场自身一定要遵循固定的展开模式。 自有商品也要由具有统一感的形象构成。

价格的故事

当推出新商品，且价格也可以比其他商店发挥优越性时，就可以塑造出价格的故事。

为了诉求低价，商家有时会故意打乱卖场，进行具有量感的大量陈列。 与此相反，如果是高价区的商品构成，为了展示其高档感，要在地面上留出富余的空间。

色彩的故事

通过商品进行充满变化的色彩展示。 此外，也可通过卖场自身的颜色应用，为顾客演绎故事。

优衣库通过压倒性的色彩变化来销售羊毛衫并得到顾客的支持，这是非常有名的。 此外，也可以在春天用樱花的粉红色，秋天用枫叶的黄土色等通过颜色的搭配在卖场里表现季节感。

3 种 VMD 基本技巧

◆对称美

展示稳定感和安心感

◆三角形

展示立体感、稳定感及量感

图 3-3　VMD 基本技巧

VMD 有 3 种可称为基本规则的技巧。 通过这 3 种技巧的组合，可以进行卖场陈列。

对称美（左右对称）

以正中央的中心线为基准，创造出左右平衡的均衡状态。 这样的展示会给人带来心理上的安定感，认知度自然就会上升。

例如，东京都厅的双塔、国会议事堂、东京站等就是极好的例子。

在服装业的时装模特展示中，有时把两个模特并立在一起。 这是在通过分别穿着裙子和裤子的模特来塑造对称美。

三角形（三角构成）

空间构成的基本是三角形，因此就产生了富有立体感及安定感的卖场展示。 以中心线为基准，由三角形进行的展示会给人带来心理上的立体感和充足感，从而促进了购买意愿。

富士山、金字塔等就是这样的例子。

如果是家常色拉的出售，不要只是将其平整地盛放在货盘上，而是要通过三角构成营造出充足感。

在抛售陈列中，要将商品在各藤筐里堆积如山，这也是为了充分打造出充足感。

循环（反复）

通过循环同一模式，会让浏览的人感觉不到压力，达到很强的诉求效果。 此外，可以进行充足感和节奏感的展示。 这样，不仅更加吸引了顾客的目光，而且色彩和设计的差异演绎出的富于变化的诉求也变得有效。

通过循环展示，顾客对商品的心理认知度也会得到提高。

VMD 应用技巧

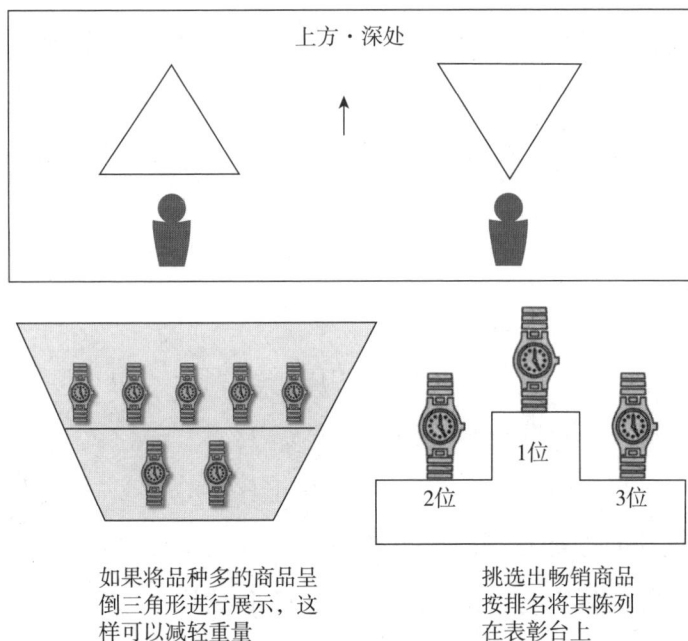

如果将品种多的商品呈倒三角形进行展示，这样可以减轻重量

挑选出畅销商品按排名将其陈列在表彰台上

图 3-4 VMD 的应用技巧

◆三角形和倒三角形的特点

三角形的特点是可以营造出稳定感。 而与之相反的倒三角形，虽然稳定感消失了，却由于形成了由面前向深处、由下方向上方扩展的图形，醒目度显著上升。

例如，我们可以思考一下 V 字型和倒 V 字型的陈列。 这是适用于钟表等个数众多的商品的最佳陈列方法。 这种呈扩散趋势的陈列不会让人感到沉重。

在手机陈列中，要把畅销商品、新商品和推荐商品陈列在黄金区域的中央较高位置。 接下来，可以将次重要的商品陈列在左侧位置，最后将其他商品陈列在右侧。 也可以根据畅销商品的排名，将第一名的畅销商品陈列在中心最高的展台，第二名和第三名的商品则分别陈列在左侧和右侧。

◆圆筒形、环形

圆形陈列可以让顾客从四周进行观看。 如果是四角形，就可能制造出看不见的死角。

例如，通过将服务台由四角形改为圆形，从而使顾客在任何角度都能看到服务台。

在变形的类型中，还有一种环形结构。 所谓环形，是指像东京的山手线(东京的通勤铁路路线之一。——编者注)一样，呈椭圆形的形状。 这是一种柔和的曲线，有使周围变得平稳的效果。 因此在货架和端头也应使用环形，消除由于前方一条横线而产生的僵硬感。

此外还有龟壳型。 这是一种如同龟壳花纹般斜向弯曲的类型。 重点是不要使用一个，而要使用多个龟壳型，以打造整齐规则的稳定感。

注重商品的正面包装

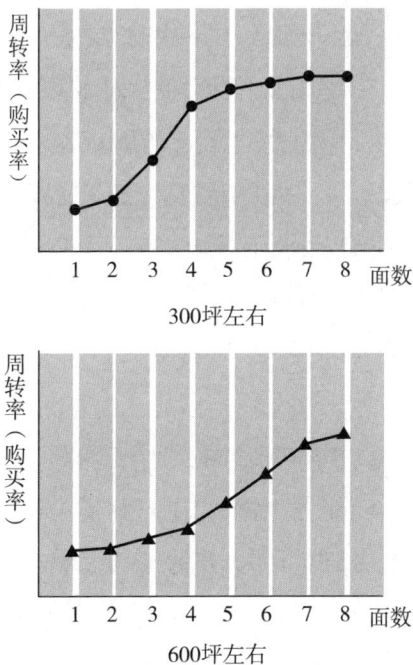

300坪左右

600坪左右

图 3－5　面数与周转率（购买率）的关系

◆面数对销售额的影响

所谓的"面"，顾名思义就是指商品的"脸面"，也就是向顾客传递信息的商品包装的正面部分。

另外，所谓面数，也指陈列的列数。 一块橡皮也是一面，一本笔记本也是一面。 这和商品的面积和尺寸没有关系。

通常，如果商品面数增加，就会带来一定程度上的销售额的提升。 我们把这种由于面数的增减而给销售额带来的影响称为"正面效果"。

正面效果可以上升到一定阶段，之后随着面数的增加会逐渐减弱。 在超市及便利店中，如果把面数从 2 面倍增到 4 面，销售额也会呈现倍增的趋势。 然而，4 面到 5 面左右就会成为正面的极限，这之后即使再继续增加面数，销售额也会呈水平状态，不再增加。

1 面还是 2 面，会对销售额产生成倍的影响，因此要尽可能使商品面数保持在 2 面以上，以提高商品的醒目度。

另外，如果是郊区型超市，由于卖场面积广阔，商品面数从 1 面到 4 面，在销售额上并没有产生太大的差异。 因此，要在横陈列中增大宽度以提高正面效果。

◆引导顾客仔细浏览包装信息

为了提高正面效果，让顾客仔细浏览包装上的信息。在便利店的便当陈列方法中，有一种是把配菜陈列在顾客面前、把饭陈列在里面，并把写有商品名称及价格的标签贴在顾客眼前的地方。这是由于在便利店的便当选择标准中，配菜的内容是最重要的。

另外，面向女性的便当如果横向很宽就会让人想到大肚汉，从而不会被购买。因此，要使用宽度小而有高度的容器，将其放置在货架下方。

平面和展开数量

陈列多少为好

平面 ＝决定各商品数量及配置位置的要素

极限陈列量≒卖场的展开数量

销售额构成比≒陈列构成比

（新商品也同样）

◈使陈列构成比适合销售额构成比

在平面中探讨各商品数量和配置位置，决定在分配的空间里具体陈列多少商品。还要根据以往的销售实绩及正面效果进行判断，确定空间分配和陈列方法。

经常出现的疑问是陈列多少为好这一点。卖场的展开数量是有限的，这称为极限陈列量。 而所谓的平面，是决定其中商品陈列量的因素。 例如，如果该卖场按销售额比例被分配的空间是10%，那么陈列数量也应确保在10%。 也就是要想办法使销售额构成比与陈列构成比保持一致。

◆新商品

新商品应该如何陈列呢？ 这也要根据事前决定的销售额构成比进行考虑。 也就是说，如果想使新商品的销售额构成比达到5%，则卖场也确保5%的陈列空间。

此外，投入新商品和新进货的商品，意味着以往的销售额为零。 因此，需要使用POP使顾客了解新商品。进一步地，可以采用三明治陈列等技巧，将其夹在畅销商品中间进行销售。

然而，即使在同一卖场，也会存在被称为"一等地"、顾客经常通过的主动线上的货架。 相对地，也有动线深处以及同一货架中的两端及上下方等视线达不到的劣势位置。 因此，在陈列时要充分考虑到这些因素，以谋求货架比例的调整。

通过使销售额构成比与陈列构成比相接近，卖场里的商品过多或过少的情况就会消失。 当卖场里陈列了太多商品时，就需要检查一下构成比的平衡是否遭到了破坏。

重点商品的展示方法

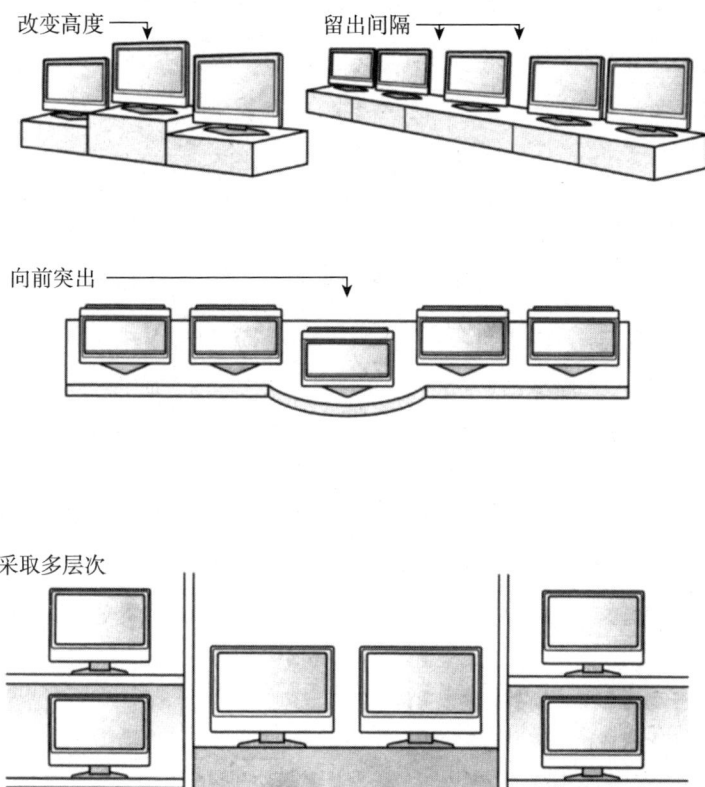

改变高度

留出间隔

向前突出

采取多层次

图3-6　突出重点商品

◈通过改变一部分陈列提高醒目度

在通常的卖场中，任何商品都会重复固定的陈列模式。 以均等的间隔陈列商品，可以产生统一感。 此外，由于没有不连续的杂乱感，顾客容易浏览且不会感到压力。

然而，在这其中也有重点商品等商家特别希望顾客关注的商品，此时仅需将该处的陈列模式进行些许的变化，就可以轻松提高醒目度。 在规则整齐的陈列模式中，如果有一小部分打破常规，顾客对该处的关注度就会显著提高。

此外，为了使顾客了解重点商品，可以在该处投射聚光灯或用 POP 表现差异，还可以改变卖场货架板的颜色。

与此相反，如果卖场整体陈列都比较杂乱，到处都是走样的地方，给顾客的整体印象就会变坏。 这样就等于扼杀了卖场，因此一定要有计划地进行卖场陈列。

改变高度

在重点商品的下方放入一层展台，通过提高位置改变陈列模式。

留出间隔

在重点商品的周围多留出些许间隔，以改变陈列模式。

向前突出

将重点商品稍向前突出来改变陈列模式。

采取多层次

对重点商品采取多层次陈列模式，如由平时的 1 层扩展到 2 层等。

所谓互相衬托的色彩
色彩展示①

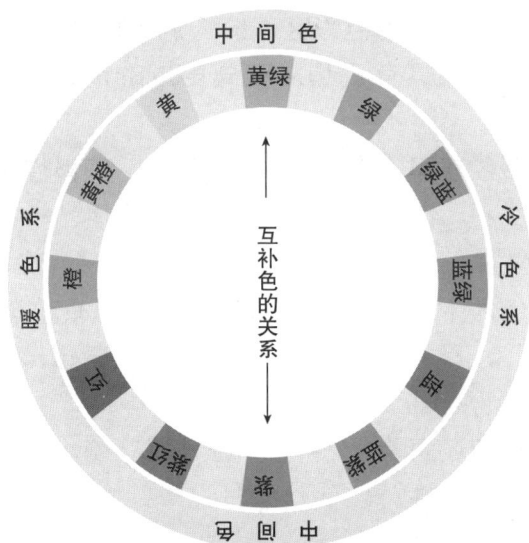

图 3-7　色彩展示

◆考虑色彩展示

在视觉中，色彩是很重要的因素。 战略性地使用色彩可以提高销售额。

我们的身体从头顶到脚尖都布满了神经。 其中自律神经是传感器，调节着内脏和器官的功能。 因此，当我们看到温暖的红色后，交感神经就会促进胃肠功能，分泌消化液，提升体温从而增进食欲。

在中餐馆中，可以看到很多店铺使用红色的餐桌、墙壁和柱子。 在餐饮店里活用红色系的暖色是一种重要的战略。

暖色

以红色为中心的色彩区，给人温暖的感觉。 暖色也称"前进色"，具有看起来距离更近的前进感，是亮度很高的颜色。

此处暖色还具有刺激性、膨胀性、积极性和激情性等特性。

冷色

以蓝色为中心的色彩区，使人感觉清凉。 冷色也称"后退色"，具有看起来距离更远的后退感，是亮度很低的颜色。

此外冷色还具有寒冷性、稳定性、缩小感、消极性和沉静作用等特性。

中间色

绿色和紫色等位于暖色与冷色中间的色彩区。

互补色关系

经调和后变成灰色（无彩色）的关系。 用色相环观看时，两端位置相同。

所谓互补色，是指互补的颜色。 也叫反对色，也是一种对比颜色。 将其组合后，具有颜色醒目的效果。

在牛肉等商品中，为了突出瘦肉而放入绿色的塑料竹叶进行配色。 在金枪鱼中也要放入荷兰芹、大叶等绿色进行装饰。

深色·浅色
色彩展示②

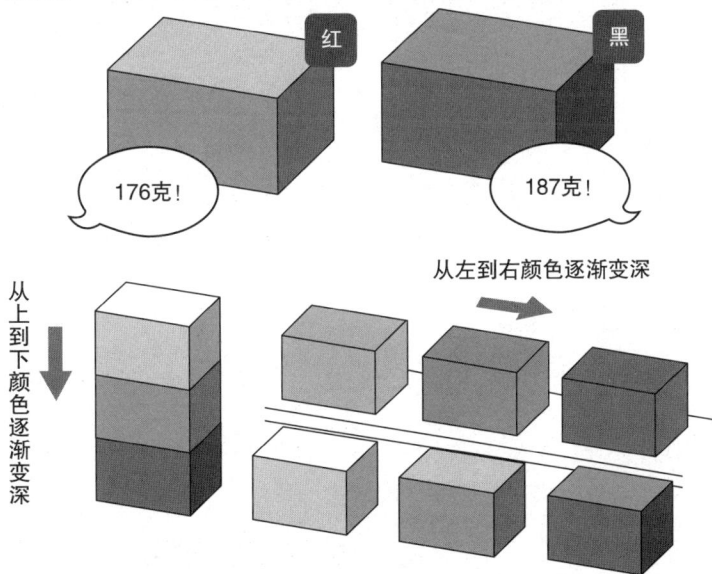

图 3-8　色彩改变印象

◈色彩的运用会改变人体对时间、温度和重量的感觉

最近，可以看到很多医院的候诊室里使用了淡奶油色和天蓝色的壁纸。 这是一种试图通过色彩的放松作用，使患者感觉不到长时间等待的方法。

此外，色彩的运用也会使人体对温度的感觉产生差异。 例如，同一温度下，分别在红色和蓝色的房间里度过时，可以产生3度多的体感温度差。

在超市和便利店中，由于优先功能性，可能会使用一些枯燥无味的颜色。 但正因为如此才更要重视色彩展示。

例如，在精肉柜台使用红色的布帘，在小菜柜台使用铜制的煎盘，以此来使该柜台的颜色得以突出，使顾客联想起肉的红色和油炸食品的土黄色。

◈红盒与黑盒

这里有一个重100克的白盒。 有一个这样的实验：首先拿起这个白盒，然后再拿起同样大小、同样重量的一个黑盒时，感觉有多少克？ 虽然实际重量同为100克，平均答案却是187克。 通过色彩的改变，人体对重量的感觉就是如此的不同。 顺便说明一下，红盒的体感

重量为 176 克。 黑色能够演绎出高级感也是由于其使人感到厚重而起到的效果。

如果是纵向堆积的商品，应该从上方开始摆放颜色较浅的商品，然后向下逐渐加深颜色，以演绎出色彩的层次。

此外，如果是横向陈列的商品，基本方法是由左向右进行颜色的变化。 这是由于我们人类的视线动向是由左移向右。 从左边颜色较浅的商品开始，向右逐渐颜色变深。

照明是卖场展示的重要方面
照明展示①

便利店的夜间照明有诱导顾客来店的作用

087

使聚光灯完全
照射到商品上

由于照明会发生
角度偏离、尘土
堆积等问题，要
定期进行检查

图3-9　照明展示①

◈便利店靠照明也能聚集顾客

即使卖场装备了最新的照明设备，如果照明没有准确照射到店铺整体及商品的话，无异于形同虚设。

此外，即使是一盏聚光灯，也会因照射方式的不同而有各种各样的使用方法。

例如，在便利店里要一直保持店头的光线明亮，这样即使在夜间也战略性地将路过的人引导到店内来。我们人类有躲避黑暗、趋向光明的特性，这正是巧妙地利用了这一点。

另外，由于便利店本来就是由冲动购买率较高的商品构成，因此就是要达到哪怕顾客在店里稍作停留也会进行购买的目的。

然而，将照明作为卖场的武器进行活用的商店并不多。至于多数不能活用照明展示的原因在于：管理者在开店之初制定的照明计划在之后并没有得到店员的充分理解和实施。

◈照明展示的诀窍

如果是使用配线导管的横木照明型聚光灯，则应设法使每个聚光灯照射到各个商品上。

然而，器具的角度有时会随着时间的流逝而逐渐偏离原来的正确位置。 此外，由于其位置较高，因此也容易聚集浮尘。

因此，必须做好以下两项工作。

首先，要不断确认聚光灯的照明是否准确照射在了商品上。 在每天开店之前，确认一下照明的位置和清洁度！

另外，由于照明工具会产生热量，触摸的时候注意安全，不要被烫伤。 因此，要戴上工作手套，还要准备专用梯凳。

通过照明赋予商品表情
照明展示②

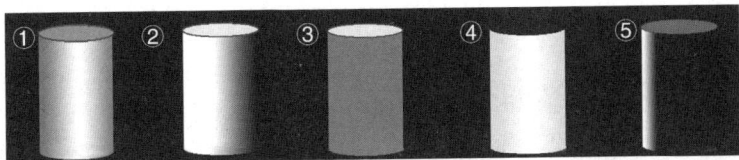

光源方向	商品的表情
①从正面	呈平面，不能看到整体
②从斜上方	自然的立体感
③从正上方	只有上方明亮
④从正面下方	有立体感但看不到上方
⑤从斜后方上方	轮廓突出

照射角度	商品类别
约5度	贵重金属、珠宝饰品
约10度	人体模型展示、高级皮革鞋、高级手提包
约15度	绘画、美术工艺品
约30度	展示角、墙面PP

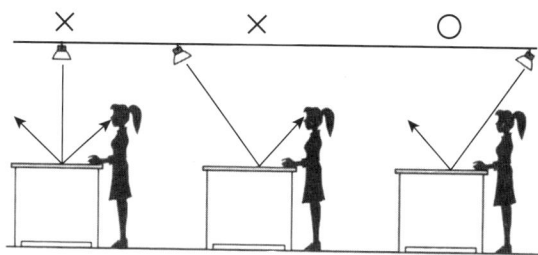

图3－10　照明展示②

◆努力提高照明展示的效果

照明光源分为面和点。　所谓面光源，是指天花板上的日光灯等照射卖场大部分面积的整体（空间）照明。所谓点光源，是指聚光灯等部分照射在规定商品和角落的局部（重点）照明。

最近，与整体照明不同，商家倾向于将聚光灯直接照射在商品上。

贵重金属和宝石类要依靠照明效果表现出高级感。为此，需要缩小整体照明，逐点增加局部照明。 此外，由于面光源属扩散光源，商品不会产生立体感，为了产生立体感，需要光源照射的部分及阴影的对照。 因此，要活用局部照明的聚光灯。

横木型 LED 照明是最合适的聚光灯。 由于可以调整光源照射的角度，因此它成为最有效的照明工具。 在卖场中，进一步提高其同周围的亮度差，以提高醒目度。

另外，家电量贩店等销售照明用具的柜台也应在店铺深处展开，通过明亮的光线引导顾客移步到店铺深处。

◈更换日光灯的时机

如果是日光灯，在使用过程中接近电极连接的部分会慢慢变黑。 如果边缘1cm的部分变黑了，就可以看作亮度下降了10%。 如果扩展到3cm，就可以判断为下降了30%。

所以，不能将日光灯一直使用到其闪烁直至熄灭。如果卖场中的日光灯开始发黑，就应该立刻更新。 因为

091

亮度下降，商品就不能突出，对卖场也会造成不良的影响。

将狭窄的卖场宽阔地展现给顾客
镜面展示

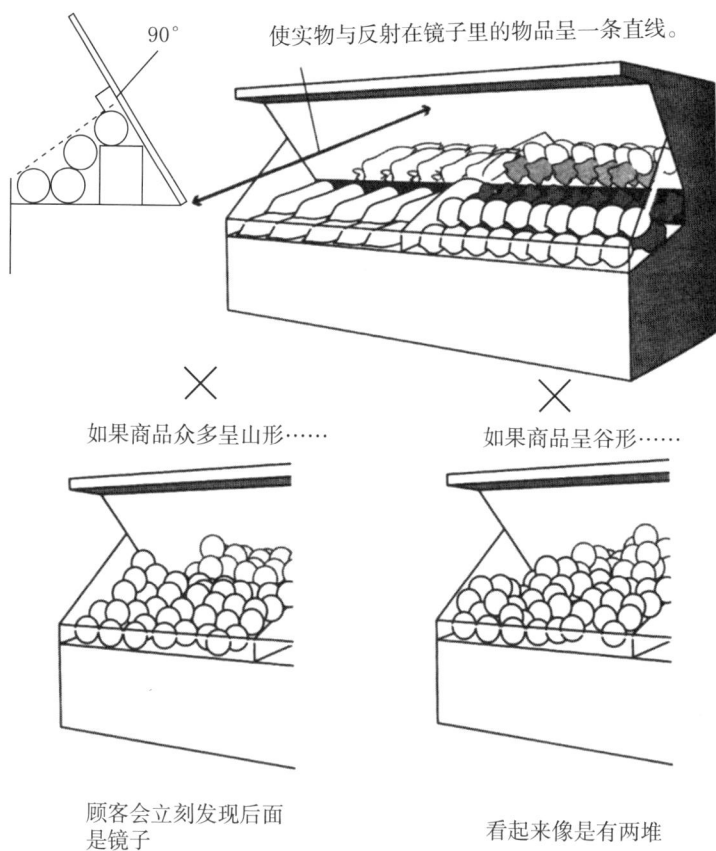

90°

使实物与反射在镜子里的物品呈一条直线。

×

如果商品众多呈山形……

×

如果商品呈谷形……

顾客会立刻发现后面是镜子

看起来像是有两堆

图 3 – 11　镜面展示

◈镜面角度也很重要

市中心型店铺的面积是比较有限的。 而且考虑到建筑物的抗震构造因素，柱子是无法回避的建筑部件。

因此， 要设法将镜子镶嵌在柱子和陈列架的墙面上。 通过将卖场及商品反射到镜子里，从而达到将店铺深处开阔地展现给顾客的效果。 这是卖场陈列的重要技巧之一。

镜面展示是餐饮店也常常采用的一种技巧，可以使狭窄的客席空间看上去更加宽敞。 此外，如果将镜子放入服装卖场的柱子死角处，还可以起到穿衣镜的作用。

另外，在有些陈列柜里面的墙面一侧，使镜子向上方倾斜突出，将架上的商品反射到镜子里，这样做有营造所展示商品丰富量感的效果。 在该展示中，要使实物商品与反射在镜子里的商品呈一条直线。 为此，要将商品与背面的镜子呈90度进行陈列。 如此一来，从稍远的通道处观看，卖场就会显得很宽阔，一直延伸到货架上方，从而达到让顾客感觉商品很丰富的目的。

如果商品陈列偏向于山形，顾客就会一眼看出这是反射在镜子里的。 如果商品陈列呈谷形，角度就会变小，反射出来就像有2堆一样。 这两种展示方法都是不合理的。

◈镜子是易碎物、易脏物

镜子在使用过程中容易破碎。 因此，在店铺设计阶段就要确保镜子的安全性，决定好放置位置。

另外，镜子也容易变脏，如触摸的指纹痕迹、家常菜的油渍、食品屑及溅起的汁液等。因此，要把镜子作为易脏物时常进行检查并清洁。

把特别希望顾客看到的商品框起来
边框展示

为了提高醒目度，边框在绘画中不可或缺

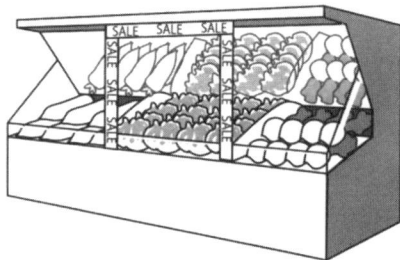

图 3-12 边框展示

◈边框在绘画中不可或缺

在卖场中将特别希望顾客看到的商品和种类用框架框起来。 如此一来，重点商品的醒目率就会提高，比其他商品更容易受到关注。

通过使用边框，我们会注意边框内的东西。 例如，绘画作品缺少边框。 如果没有边框，绘画就缺少紧凑的感觉，即边框承担了补足绘画的重要作用。 因此，画商的首项工作就是考虑适合该画的边框。 这是由于边框对作品销售额也会产生影响。

此外，即使在数码相框中，边框也是很重要的一点。 如果相框没有充足的宽度，位于其中的照片就不会醒目。

在卖场陈列中，应该将四角形的边框进行着色来提高醒目度，或是只将一部分重点商品圈起来等。

◈未必是四角形

此外，除四角形以外，还可以将商品圈成环状的圆形和椭圆形等。 这样，位于其中的商品同样会被关注。

同样的方法，在海报和 POP 展示时也可以适用。 在进行张贴的时候，要尽量使用边框。 然而，我们常常见到无边框张贴。 但事实上，通过将其放入边框内，醒目度会显著上升。

另外，店头的入口处也是一样。 站立在店头时，入口整体就承担了边框的作用。 独具匠心的入口处会起到将顾客诱导到店内的作用。 正因如此，在促销时更要花心思使其突出。

利用铺垫谋求差别化
铺垫展示

通过稍微铺设一些东西来改变形象

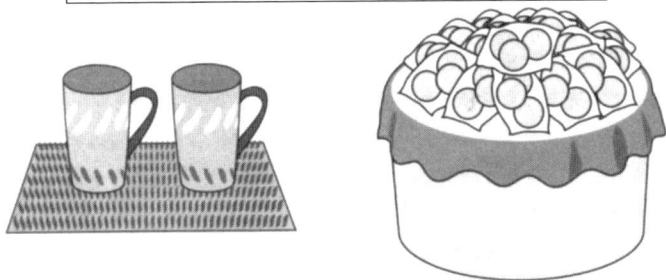

设计理念

蔬菜	➡ 绿色
海产品	➡ 天蓝色
餐具	➡ 网络图案
文具	➡ 英文报纸图案
自行车、	
高尔夫用具	➡ 人工草坪

图 3-13　铺垫展示

◈为枯燥无味的货架上添加创意

陈列商品的货架最重视功能性。 因此，货架的材质大多为枯燥无味的金属和塑料，颜色也多为土黄色等。

例如，某家有名的服装店采用的是使人感觉凉爽的铁架。 这种设计简约且不易令人厌烦，组装及重装也很简单。 此外，货架板也是网眼型，可以说是优先清洁度的一大表现。

将商品陈列在这样的货架板上时，有一种下有铺垫、体现差别化的展示效果。

例如，如果是高附加值的电器产品，就用缎纹织布将货架整体遮住，用高级感演绎高价格带的商品构成。如果是女儿节和端午节等，就把红色和粉色的布铺设在陈列架整体上，以此烘托出节日的气氛。

此外，还要运用易于顾客联想的颜色，如蔬菜和水果就用绿色系，海产品就用天蓝色系等。 如果使用网眼状的无纺布，即使将商品直接放置上去也不会损坏。

◈最近也开始出现绚丽多彩的薄纸铺垫物

最近，铺垫物中也开始出现印有各种图案的彩色薄纸，对此要针对卖场种类和主题分别使用。 除了铺垫以外，有的地方也在使用用麦秆编成的篮子。

在有些商店，还可以看到将自行车和高尔夫球袋直接陈列在地板上进行销售的场景。 但是，重要的商品不应放置在地面上，最好铺设人工草坪等，然后将商品放置在上面。

利用人的本能
动态展示

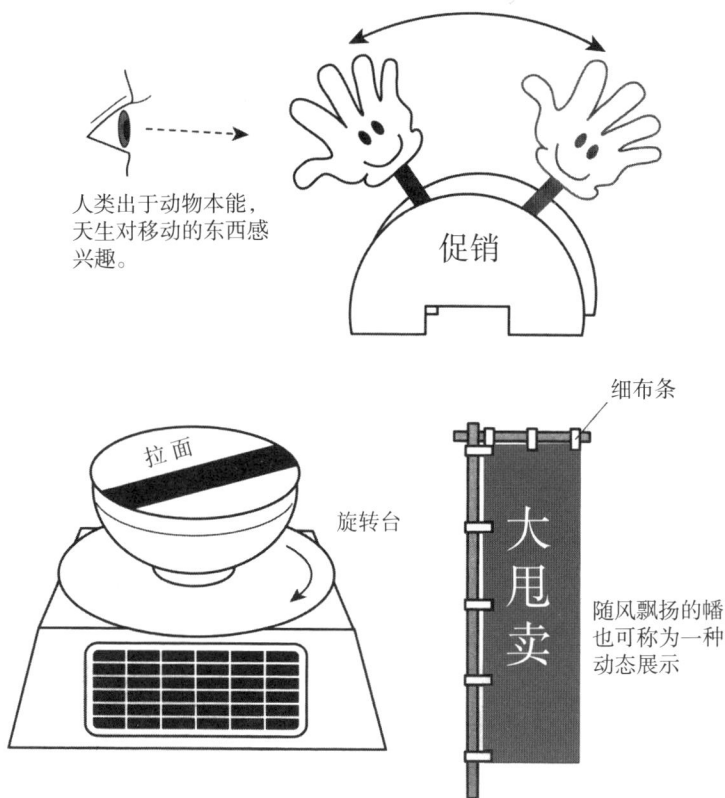

人类出于动物本能，
天生对移动的东西感
兴趣。

促销

拉面

旋转台

细布条

大
甩
卖

随风飘扬的幡
也可称为一种
动态展示

图3-14　动态展示

◈ **人类对动态物体非常敏感**

在静态卖场中，动态物体的醒目度会大大提升且很有效。 例如，店头随风飘扬的三角旗（旗）、挂毯（垂幕）、幡以及闪烁的闪光灯招牌。 在卖场中，摇摆标签及吸收天花板灯头光线而晃动的太阳能型 POP 等的注视率也很高并效果显著。

我们人类天生对动态物体非常敏感，并表现出莫大兴趣。 原因在于人类本身是一种动物，所以对移动的物体是敌是友会在瞬间进行确认。

因此，人类一定会注视进入视线的动态物体。 正因如此，如果能使顾客对其无意间看到的 POP 信息感到有兴致，该商品的购买率就会上升。

如今，通过喷墨技术，可以制作出一面以上的五色幡。 在旗杆穿过幡的地方，使用细带子与幡两面相接，这种加工可由专业人员很简单地制作出来。

◈ **动态物体的注意事项**

要注意的是，由于其是随风飘扬的动态物体，需要固定其根部。 而且，在幡等物体中，要使用制动器以使其不被强风卷起。

同时，由于处于活动状态，动态物比固定物更容易起皱和损坏。 如果是在室外，日晒和雨淋还会使其褪色。

　　但是，有一些商店会继续使用在室外被日晒后起皱的幡，这就像是在亲自宣告自己店里很邋遢一样。 让我们注意定期更新吧!

利用声音刺激购买欲
声音（音响）展示

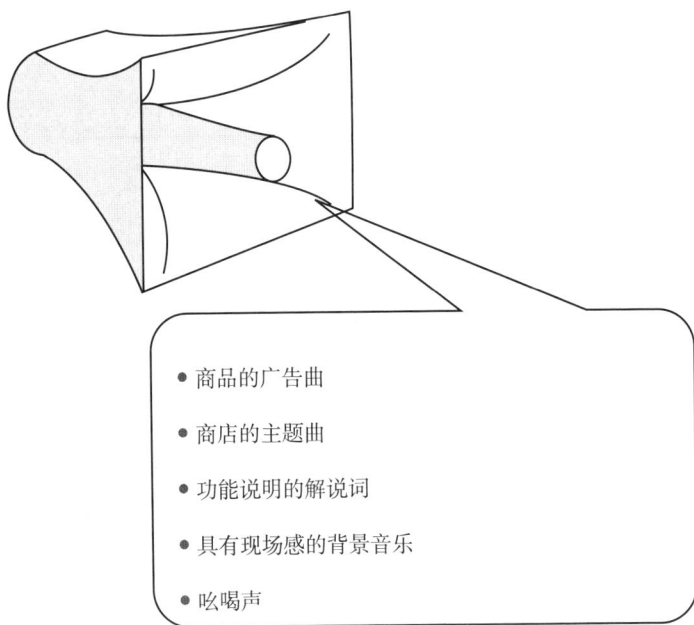

- 商品的广告曲

- 商店的主题曲

- 功能说明的解说词

- 具有现场感的背景音乐

- 吆喝声

图3－15　声音展示的种类

◆唤起顾客的想象力

卖场中有时会循环播放电视广告曲。 这是一种通过在卖场播放此种曲目来提高顾客购买欲望的展示。 如今也有销售专用的音乐出售。

此外，也可以通过顾客路过时会产生反应的带 IC 片的传感器效果音和微型液晶电视的图像及音乐来激发顾客的购买欲望。

对具备功能性和高附加值但需要说明使用方法的商品，利用带录像带的电视来播放配有解说词的图像进行介绍，也是卖场常用的促销手法。

如果是中国来的食材卖场，则在锅里放入油翻炒时的"嗞啦"声就会成为展示的声音；如果在鲜鱼卖场，则船舶的引擎声和海鸟的叫声就会成为展示的声音。

此外，如果是与夏季商品相关的卖场，要将蝉叫声和小河流淌等声音作为效果音播放。 通过音乐效果可以使顾客联想到该卖场主题的生活场景。 此外，在鲜鱼卖场，配合傍晚的黄金时间，也可使用吆喝声来演绎喧闹感。

◆注意音量

如果在刚开门的空旷卖场里播放大音量的音乐，会使人丧失兴致。 要播放，就把音量调到最小，待顾客逐渐增多时再提高音量。

101

声音展示具有烘托购物环境舒适性和传递卖场信息的功能。 而且，音乐效果可以激发顾客的购买冲动。

充分利用空间
空间展示

清仓大甩卖

通过悬挂来提
高醒目度

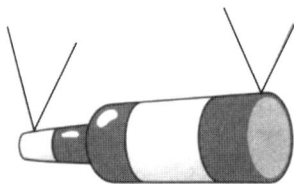

如果在酒类卖场悬挂
酒瓶模型，顾客在远
处也能知道该悬挂处
下方代表酒类卖场

家庭用油漆
墙壁用、家具用

图 3-16　空间展示

◈空间仍有很大利用余地

最近，郊区大型商店的数量在增加，店铺面积也在扩大。 然而在此之前，在狭小的卖场里如何陈列商品，一直是一大课题。 但是，由于一直将卖场效率置于优先地位，故在空间展示上仍有探讨的余地。 此外，通常意义上的漂亮摆放，并不是真正的空间展示。 作为店方，不要仅将这一工作委托给专业人员，还应了解自身能做些什么。

至于所谓陈列中的空间展示，主要是指空中展示。例如，张贴 POP 时，如何巧妙地运用空间等。

◈悬挂 POP

悬挂方式就充分运用了空间。 只要在天花板上悬挂与实物同样大小的商品模型，就能起到引起顾客注意的作用，作为下方陈列商品的标志。

此外，张贴在墙壁上的海报，也可以进行悬挂。 这样，从店头看来就成了悬在空中的形象，帮助醒目度上升。

货架上的广告板有时也悬挂在天花板上。 但是，不要将其固定在货架上方，而是将其悬浮以谋求较高的醒目度。 同时，也可以将其四角悬挂起来制造出角度，来提高 POP 的面积识别率。

如果是拐角的卖场上方，则可以充分利用该斜面，通过广告板和旗帜来提高醒目度，使该处成为充满商机的角落。

103

此外，为了悬挂而使用丝线（尼龙丝）时，为安全起见应多使用几根，一根丝线断裂时，尚有其他丝线可以支撑。

收银台决定商店形象
收银台展示

（ 收银台展示核查单 ）

□与顾客无关的文具等是否杂乱无章？

□是否放置着店员用资料和记录？

□在顾客排队的收银台周围，清洁度是否有问题？

□是否制作了指示牌使顾客立刻就能知道如何从店内走到收银台？

□是否有促使顾客下次来店的方案？

收银台是最终决定商店形象的场所，因此对其展示也要重视，这一点非常重要

图 3-17　收银台展示

◆营业时不要放置无关的东西

顾客前往收银台结账时，需要花费一定的时间。 由于这里是最终决定商店形象的地方，因此重视收银台的展示非常重要。

首先，营业时请拿走无关的东西吧。 不要将销售单据和员工日程管理目录散乱地板在显眼的地方，可以将其放在有门的柜子内进行保管。

特别要指出的是，给下一班工作人员的传达事项和注意事项等尽量不要被顾客看到。 如果一定要贴出来，那也仅限于贴在顾客视线以外的桌子前方和抽屉部分。

◆注意指示牌和清洁度

此外，为了进行收银台展示，首先要在天花板上设置射灯，量贩店则悬挂写有"￥"符号的指示牌，以使顾客知道收银台的位置所在。 务必要令顾客即使初次来店也能够知道收银台的位置。

同时，要从顾客的位置确认收银台的清洁度。 很多情况下，虽然员工擦拭了收银台上自己站立的位置，但是顾客可以看见的地方却很脏。

另外在便利店里，对下次的促销通知和圣诞蛋糕的预订等也要进行说明。 预约是提前达到的销售额，因此也是商店的一项重要举措。

　　服装店在墙面及侧面展示商店的推销商品，以及下次的新产品，也是促使顾客下次来店的销售技巧。 如果有商品说明，顾客就会了解它所对应的礼物需求，从而提升客单价。

活跃于店外的招牌

广告牌（屋顶看板）

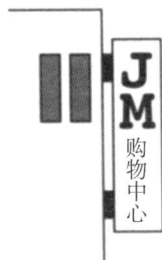

袖型招牌

护墙（栏杆）招牌

站立型（放置型招牌）

A型站立招牌　　　　　　　　画架型

图 3 - 18　户外招牌

所谓店内促销是指 POP、实演销售及特别活动等顾客来店后在店内举行的促销活动的总称。 相应的，店外促销是指利用户外招牌和插入型广告单等方式进行推销的一种手段。

如果 POP 是店内促销的核心，招牌则在店外承担了重要的作用。

广告牌（屋顶看板）

必须是从较远的地方也能传递给顾客的信息。 这种方式要考虑顾客的来店方式是徒步多还是坐车多，从而决定尺寸规格。 如果是徒步，则顾客发现建筑物本身很重要。 如果是坐车来店，则很可能从周围看不到建筑物，或是被行道树挡住，因此要从建筑物顶部设置招牌并力求其形状细长。

107

袖型招牌

将行业及店名告知路上行人的招牌。 如果是以徒步顾客为中心顾客群，则不需要设置屋顶招牌。

护墙（栏杆）招牌

设置在商店前入口附近通报店名的招牌。

站立型（放置型招牌）

此类型招牌设立在入口附近，以达到通报店内经营商品、营业时间及降价内容等信息的效果。

A 型站立招牌

使顾客从左右两侧进行浏览的招牌。 因看起来类似字母 A，故被称为 A 型站立招牌。 该类型招牌，其两面都注有相同的信息。

画架型

本来是画油画时放置画布的台子。 除了招牌和海报以外，还有黑板型和板型。 由于可以填入信息，因此也被活用于记录一些应季活动及每天向顾客传达的信息。

第 4 章

适合各种卖场及商品的最佳陈列方法

宽敞卖场的陈列

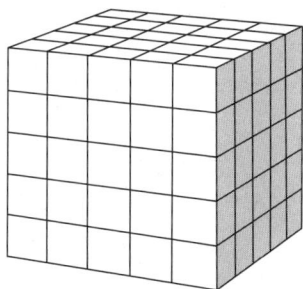

$5 \times 5 \times 5 = 125$（个）

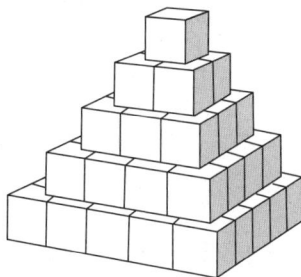

$1 + 2^2 + 3^2 + 4^2 + 5^2 = 55$（个）

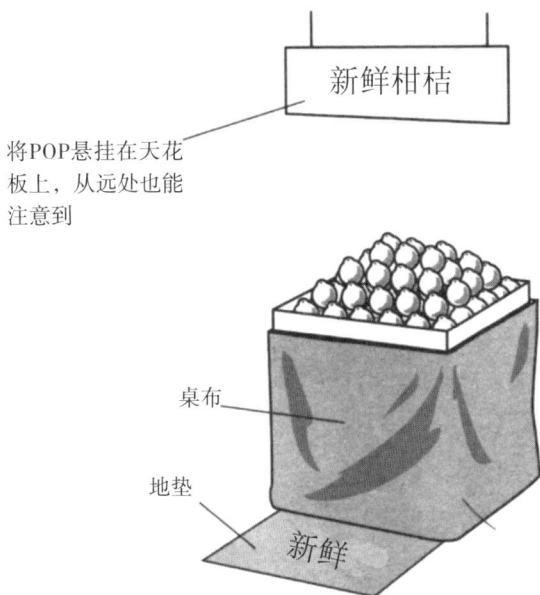

新鲜柑桔

将POP悬挂在天花板上，从远处也能注意到

桌布

地垫

新鲜

图4-1　以少量商品打造充足感

◈关注商品的周转率低下

关于郊区大型卖场新开店时应如何进行商品陈列，是经常被探讨的问题。

如果是大型空间，商品的陈列数量就会增加，顾客的停留率也会随之上升。　但在各月及各时期进行结算时，有时却出现销售额没有达到期待值的情况。　这是由于卖场的投入量过多，导致商品的实际周转率不佳所致。

首先，要在商品下方放入垫板或底架。 其次，要在黄金区域理论中关注度较低的下方放入替代的空箱。

◈以少量商品打造充足感

宽敞卖场陈列的基本形状是田字形。 在其应用上要使用 VMD，以三角形的形状打造充足感。 虽然看上去陈列数量减少了，但给人的感觉却很丰富。 另外，通过放入替代品也可以减少陈列数量。

例如，如果是宽度、进深、高度分别为 5 个商品的卖场，则一共需要 125 个商品，但是如果用三角形构造，只要像金字塔一样每层分别放置 1、2、3、4、5 个，合计 55 个就足够了，这样就减少了 70 个。

另外，同样重要的是 POP 的活用。 如果卖场面积宽阔，那么为了提高较远距离的醒目度，POP 不可或缺。

因为商品不是放置在货架上，所以要将广告板悬挂在天花板上。 广告板的形状除了四角形以外，还可以是三角形，而在下方，则要铺设桌布和地垫与之进行呼应。

111

悬浮陈列①

吊式陈列

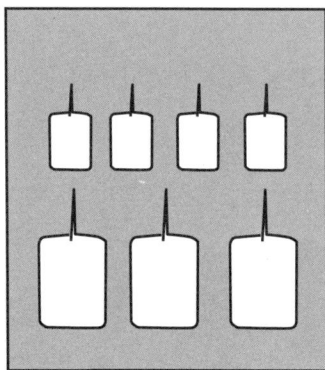

吊式陈列

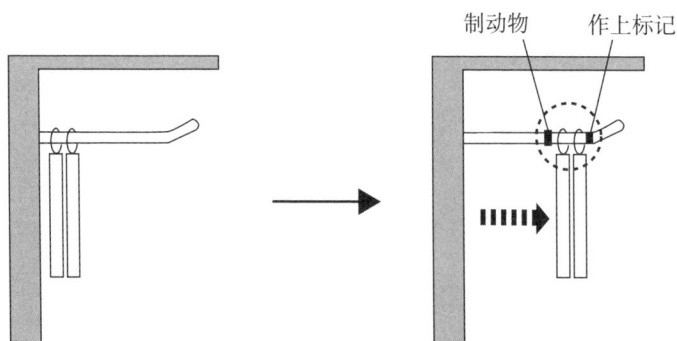

将商品陈列在前面，销售额会有很大的不同！

图4-2　吊式陈列

112

◆2 种类型的陈列

服装的陈列方法可以分为两种类型。

一种是悬浮陈列方法。 悬浮陈列包括悬挂在吊钩上的陈列方法及使用衣架的陈列方法。 我们把前者称为吊式陈列，后者称为挂式陈列。

第二种是指将商品放置在陈列架上的陈列方法。

吊式陈列

将细小物件商品悬挂在吊钩上进行陈列的方法。 在狭窄的店铺中，由于受卖场面积所限，要设法使卖场的墙面和柱子都成为有效的陈列点。

最近，有一种用圆形橡胶做成的制动物，将其安装在挂钩上，会阻止商品滑向里侧。

某家销售业绩良好的商店，在各吊钩的前方一定位置作上标记。 在白天和傍晚的黄金时间之前，全卖场统一将商品向前移动到该位置进行前进式陈列。 如此一来，也可以同时对销售机会的流失进行确认。

假设顾客来卖场寻找自己想要的商品。 如果该商品位于吊钩的里侧，顾客的视线不能到达该处，那么就不能进行购买。 无论卖场里有多少商品，如果顾客没有看到，关注率就是零，这无异于卖场里没有任何商品。 因此，必须进行前进式陈列。

此外，配合商品的尺寸大小，也要对吊钩长度及其与相邻商品之间的间距进行调节。

113

另外，对于畅销商品，要用块状陈列，并放入多个商品。 标示价格的 POP 也不要每个商品一张，而以块为单位进行张贴，如此一来，顾客就会明白有多个同样的商品呈横向排列，从而演绎出统一感。

悬浮陈列②
挂式陈列

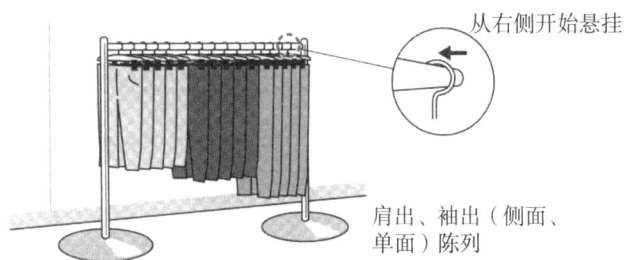

从右侧开始悬挂

肩出、袖出（侧面、单面）陈列

正面陈列

图 4-3　挂式陈列

挂式陈列

使用衣架进行陈列，不需要重新叠放，顾客随拿随放，操作成本较低。

需要注意的是，在将其放置在衣架架子的铁管上时，要从右侧开始悬挂。 这是因为右撇子顾客占绝大多数，用右手拿取的概率很高。

但是，在通道的动线上，有时右侧会与通道相接。此时，就要从左侧进行悬挂。 另外，在同一根铁管上，一定要只从一个方向开始悬挂。

肩出、袖出（侧面、肩面）陈列

这种陈列方法，是将同一商品按不同的尺寸悬挂在衣架上。

它可以明确知道该商品使用了什么样的材料以及各颜色的差异。 而且，还可以进行多数量陈列。

进行陈列时，要注意决定 S、M、L 等陈列模式。 将相同尺寸的陈列在一起，不要混杂。 此时，要把不同颜色的尺码环套在衣架上，使顾客看见尺码环时，就能立刻知道衣服的尺码。

不过这种陈列的不足之处是，商品的正面设计会看不见。

正面陈列

正面陈列是使用与墙面垂直或倾斜的架子悬挂商品。 这种陈列的优点在于，商品的正面设计和材质便于浏览并容易拿取，顾客可以充分了解商品。

115

但是，这种陈列有不能进行多数量悬挂的缺点。因为为了将色彩、尺码等商品变化展现给顾客，需要占用一定的空间。因此，不适合多种类的商品。

摆放陈列
叠式陈列

由于衣领会变高，因此要进行交叉陈列

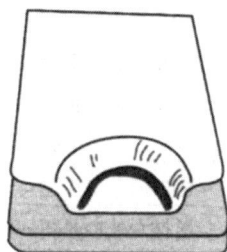

为了让顾客看到衣领上别具特色的设计，要将其向前陈列

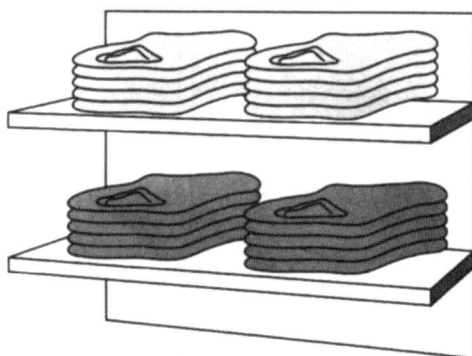

上层使用淡色，向下逐渐使用重色，从而制造出色彩层次。

图4-4　叠式陈列

叠式陈列

在服装商品中，与挂式陈列相对的、放置在货架及台子上的陈列方法称为叠式陈列。

所谓折叠，有堆积和折放等意思。 由于该陈列在折叠及整理上要花费很多时间，因此应该将其应用在如使用衣架陈列就会使其价值降低的高附加值产品及高单价商品中。 此外，这种陈列需要重新叠放顾客取拿后又重新放回的商品。

将多件商品按色彩层次摞起来后，可以形成有量感的陈列。

作为陈列顺序，如果是纵向堆放的商品，则从上到下，颜色由清淡向浓重展开，如此一来就演绎出了色彩层次。

如果是横向陈列的商品，基本方法是从左向右展开，并且色彩逐渐加深。 这是因为按照 Z 定律，视线是从左向右移动的。

如果是按尺码展开，则将 S 号的商品放在上方，L 号的商品放在下方。

关于陈列量，应该将商品堆放到货架纵向高度三分之二处。 为此，要在上方留出三分之一的空间。 上方有空间，商品就会容易取拿。 另外，这样做也是因为如果高度超出了该范围，就不能从上方对商品状况进行确认。

117

作为商品的朝向，将商品放置在货架上时，要使位于最上方商品的衣领设计能够在前面被看到。

至于下方的商品，要把衣领放在里面，使顾客清楚地看出色彩层次。但是在平台上展开时，由于商品可以一览无余，故衣领朝里也没有关系。重要的是，要把全部商品统一朝向。

在最畅销的区域促使顾客进行冲动购买
货架端头陈列

端头 = 顾客通行量大、销售量高的卖场的一等区域

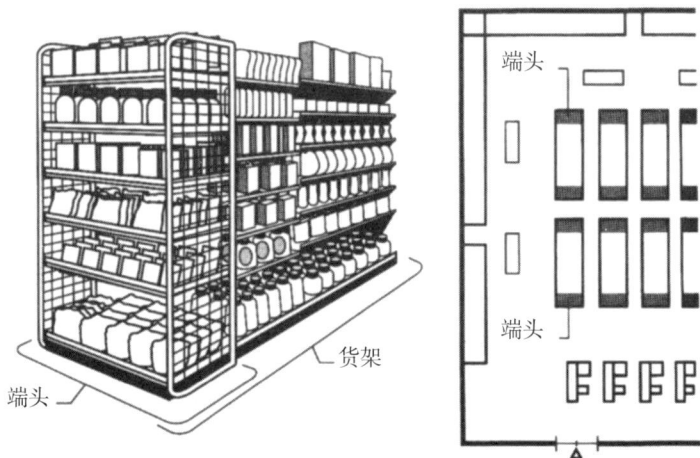

图4-5 货架·端头陈列

◆端头是卖场的一等区域

将商品陈列在陈列架的两端侧面部分的陈列方法，尤其常见于超市及便利店等自助式店铺里。

面对主通道、顾客通行量大的端头是商店的一等区域，同时也是销售额较高的区域。

商品置于端头陈列，其销售额是普通货架的数倍。不过，端头的销售力也因处于店内的不同位置而表现不同。原则上说，越是沿着客动线入口附近的端头，由于顾客通过率高，销售额也会越高。越是向里，越会随着通过率的下降而降低。

◆可以期待冲动购买和多件购买

通过在端头陈列大量商品，商品的价格和提案一眼就能传达给顾客，从而诱发其购买冲动。

例如，通过在促销点销售经电视广告介绍过的商品，可以产生相乘效应。

此外，在一个货架端头进行有主题性的关联陈列，也能促进购买率的提升。如此一来，就会促使顾客在同一地方进行成批购买、成套购买或关联购买。

若是便利店，则在进入店铺的最前方货架端头上陈列应季商品及促销商品，通过不断向顾客传递新信息，诱发其购买冲动。

119

从长远来看，端头陈列也可以提升卖场及店铺的品牌形象。

货架的形状和尺寸

货架的由来

最初为美国铁道所使用，用于堆积沙砾及煤炭的无顶箱型敞车，因与横向细长的陈列架相似而被命名

便利店的货架尺寸

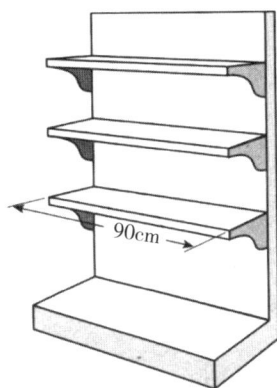

便利店中的标准尺寸是90cm

90cm

便利店的ATM被设计成45cm

45cm

图4-6　货架的形状和尺寸

◆货架的由来

放置商品的陈列台，是在超市及便利店等自助式商店中最常看到的陈列架。 主要陈列一般食品及杂货等。通常，我们把这个陈列台称为货架。 另外，紧贴墙面的单面货架叫做墙面货架或墙架。

货架的由来，是美国铁道所使用的用于堆积沙砾和煤炭的无顶箱型敞车（无顶货车），因与横向细长的陈列架相似而被命名。

此外，这种"敞篷"设计是源于意大利威尼斯用于交通和游览的平底细长型无顶手摇船。

◆货架的基本尺寸

一般的货架是细长的长方形。 特别是在便利店里，90cm（900mm①）是横向宽度的基本尺寸，我们要考虑在这里放入多少个这样的货架。

通常情况下，位于窗边的杂志角容纳的基本组合是5个90cm的陈列架。 也就是说，杂志角基本是4.5m。此外，根据商店的面积和杂志的销售力，可以在数量上进行增减。

另外，导入ATM(现金自动取款机)时，也要按照横向宽度45cm重新进行设计。 这是因为如果有90cm的空

---

① 在设计图中，用mm(毫米)单位进行标注。

间，就可以放置 2 台机器。 通常情况下，银行的 ATM
是57cm。 如果直接将其引入，就不能充分地利用场
所，因此银行特意为便利店进行了重新开发。

如此一来，在市中心型便利店的杂志角，就可以放
置4个杂志货架，在剩下的一个货架的空间里可以填补
上2台ATM。

商品无污损
橱柜（封闭式）陈列

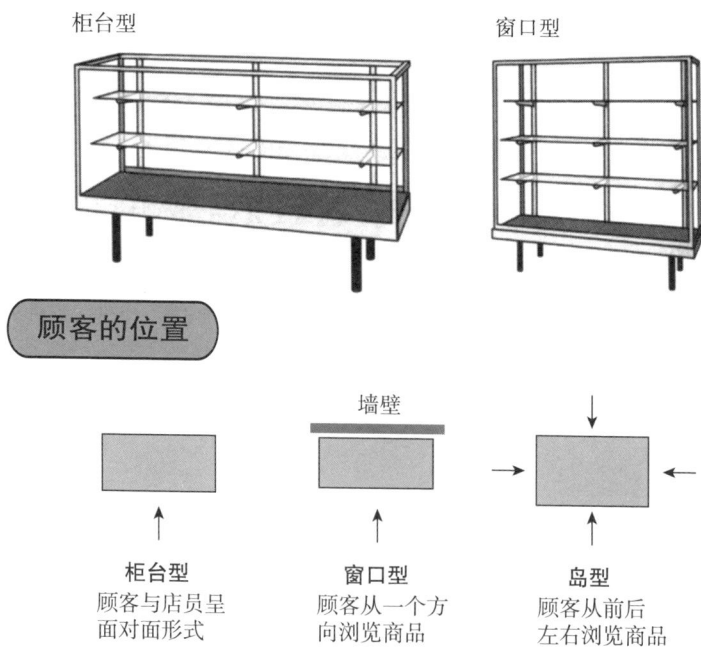

柜台型

窗口型

顾客的位置

墙壁

柜台型	窗口型	岛型
顾客与店员呈面对面形式	顾客从一个方向浏览商品	顾客从前后左右浏览商品

图4-7 陈列柜的类型

◈从橱柜中拿出给顾客看

将商品放入专用玻璃板陈列柜里的陈列方法，分为高度较高的窗式立体型、最普遍的柜台型和岛型橱柜。

橱柜陈列中主要是高级商品，店员需要按照顾客的要求，从陈列柜中取出商品给顾客看。

例如，将珠宝饰品和手表置于黑色托盘上。 黑色演绎出高级感和大气稳重的形象。

此外，如果顾客要求比较不同商品，也要将其取出。 但是不要在卖场放置太多商品，这也是出于防盗对策，只放置两三种商品，减少可能被顾客拒绝、不予比较的商品。

另外，为了让顾客看到商品搭配后的样子，要在桌子上准备镜子。 根据需要，有时也在橱柜一侧放置穿衣镜。

通常情况下，由于商品是放置在专用陈列橱里的，灰尘较少。 因此，不易污损是其优势所在。

◈展示内部

此外，通过展示橱柜内部，橱柜和商品构成就会融为一体，这也可以保持高级感的形象。

橱柜内部的展示要求 VMD 技巧。 橱柜自身也是一个有限的空间，因此要在其中进行统一展示。 有时也使用微型射灯使商品醒目。

橱柜陈列是全面服务式的面对面销售，因此销售人

123

员需要充分掌握商品专业知识以进行应对。

易于取放
流动平台陈列

普通流动平台

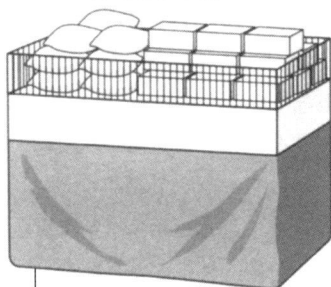

倾斜平台

有时也在该处缠绕一层布，
制作成POP

使其倾斜以便里面的
部分也容易被看到

放入鸡胸脯肉的馅饼
任选3个980日元

图4-8 流动平台陈列

◈商品陈列的基本

在商品陈列中，最基本的就是流动平台陈列。 商品易浏览、易触摸、易取放是其优势所在。 陈列台较低，高度一般在 100cm 左右，因此店内可以一览无余，通常以店头为中心对其进行活用。

最初，陈列在商业交易发展的过程中，首先是由通道两旁的地方开始的。 而在现代社会中，为使顾客容易选取商品，流动平台成为基本的陈列方式。

◈设法让顾客容易浏览和拿取

流动平台的不足是会占用卖场空间的。 因此要在每个流动平台上陈列同一种类的商品，这是根本，不要进行多种类的混合陈列。 此外，同一种类的商品因容量和尺寸而大小不同时，要在前面陈列体积小的商品，越往里体积越大，这是便于顾客取放的一种考虑。

此外，将商品放置在台子上，比直接放置在货架上更适合商品的展示。

由于流动平台是水平的，里面的部分会不易浏览而难以取拿。 因此，要在里面部分放置铺垫物，在上面陈列商品。

此外，倾斜平台也很有效。 在蔬菜和水果卖场，这是常见的手法。 倾斜角度可以根据商品及包装来进行调节。

125

另外，有时也在平台的架子下方部分缠绕一圈长布制作成 POP，以达到突出商品展示的效果。

补货简单、容易进行库存管理
存储式陈列

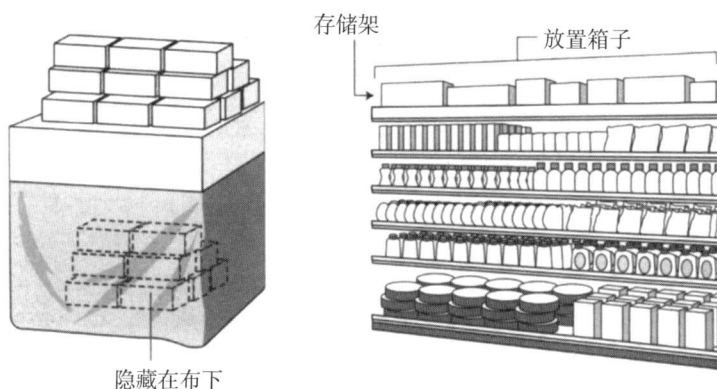

存储架

放置箱子

隐藏在布下

在存储式陈列中什么是可能的？

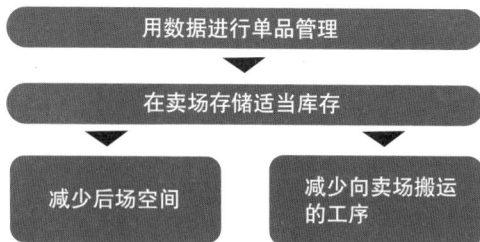

用数据进行单品管理

在卖场存储适当库存

减少后场空间

减少向卖场搬运的工序

图4-9　卖场内存储

◆▶卖场内存储

这是将未在陈列架上陈列完的商品以合适的数量存储在卖场内的方法。 这样就不用将未能陈列的商品放回仓库和后场。 并且，运到店里的所有商品都可以放置于卖场里，这样，容易进行库存管理。

这类商品要放置在陈列架的上下端等顾客手够不到的地方。 然而该处也属抬头就能看见的范围，因此不能杂乱放置。 此外，如果是平台，则放置在平台下面。如果平台下方没有小门，就用布进行遮掩，这样就不会觉得杂乱。

存储式陈列使补货变得简单而迅速。 由于卖场中有多个库存并高于最低陈列数量，从而省下了从仓库运送这道工序。

◆▶因单品管理而变得可能

存储式陈列减少了大量保管库存的后场空间及搬运商品产生的人员开支。 而使这些成为可能的是对于每个商品都正确把握其销售数量和库存的单品管理方法。

为满足顾客需求，仅靠某种商品卖了多少个这样的信息是不够的。 必须知道多少价位的何种商品在哪一天大约几点时卖了多少。

此外，顾客的性别和年龄段也是重要的数据。 例

127

如，便利店就要在收银台处输入性别和年龄段。

这些数据可以为决定下次进货量提供参考，并可以通过 POS 机上的销售数据对销售结果进行验证。

商品易分类
盒式陈列

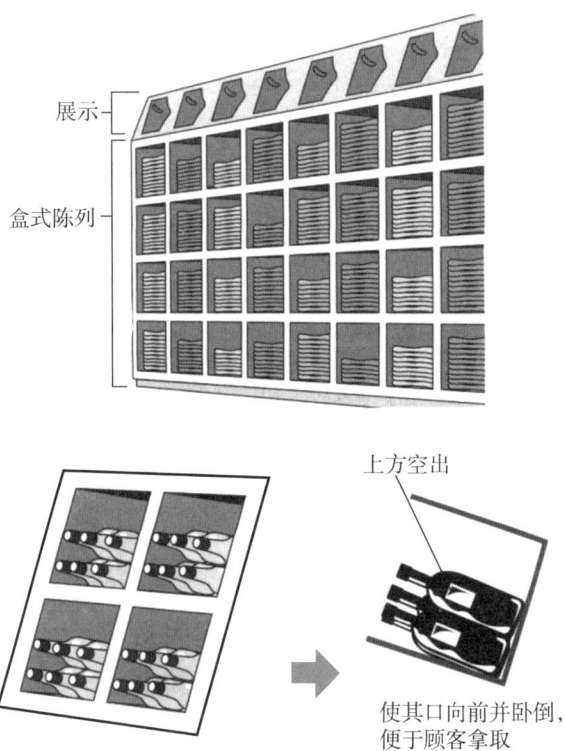

展示

盒式陈列

上方空出

使其口向前并卧倒，
便于顾客拿取

图 4 - 10　盒式陈列

◆最适合四角商品

在陈列架中，有很多时候只有横向货架隔板而没有任何纵向隔板。 此时，有时会出现纵向陈列的商品走形而倒为横向商品的情况。 为防止这种情况，盒式陈列非常方便。 将商品陈列在用木板隔开的格子中。 这样也容易将商品按颜色及尺寸进行分类。

此外，盒式陈列最适合放入正方形和长方形的定型商品。 例如手帕及毛巾等小件杂货类，T恤衫、毛衣、牛仔裤等服装要叠起来进行陈列。 另外，信封、便签、传真用纸、复印纸等文具也要与格子空间尺寸相适应。

在一个格子里放入一种商品。 如此一来，陈列的散乱度也会降低，一眼就能确认缺货情况。 除正方形及长方形以外，如使用菱形格子，醒目度会进一步提高。 此时的陈列量应位于盒子的三分之二处。 这是为了让盒子里面的商品其正面上部可以看得见，并使顾客的手容易够到里面。

然而，由于服装是折叠的，难以浏览到其整体形态。 此外，其整理需要花费时间。 顾客浏览之后，也要进行重新叠放作业。 因此，在上方按尺码分别陈列在盒子里，在下方将同样的商品悬挂在衣架上，在陈列中，要设法做到让顾客把商品拿到手中进行浏览。

◆瓶口向前

此外，在陈列葡萄酒及果汁等瓶装商品时，要将其

129

呈横向，瓶口朝前放置，便于顾客拿取。

然而，如果采用该陈列方法，可称为商品"脸面"的标签及商标部分就会看不见，因此要使用POP。在POP上贴上商品"脸面"的正面照片，写明商品的名称、色彩、产地、容量、价格和来源等并进行张贴。

通过大量陈列展现充足感
阶梯式陈列

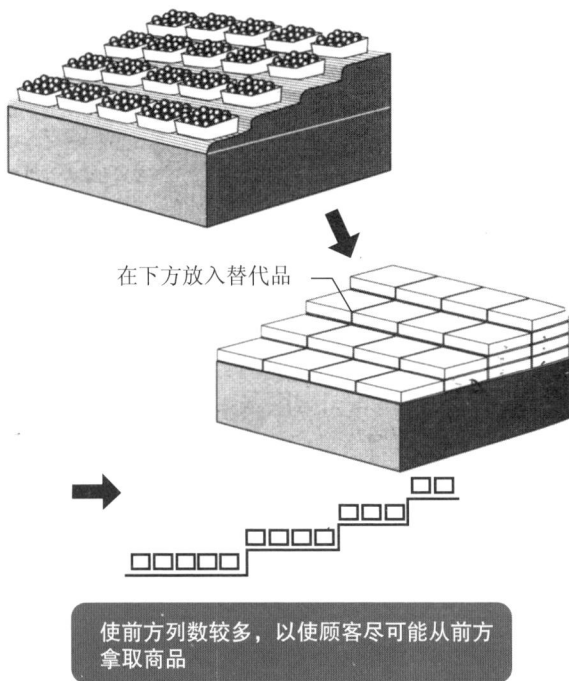

在下方放入替代品

使前方列数较多，以使顾客尽可能从前方拿取商品

图4-11　阶梯式陈列

◆盒装和罐装等

平台等在卖场中如梯田一般呈纵长式、多层阶梯状堆积的一种陈列方法。

但是使用这种陈列方法，必须是即使堆积也不会变形的一类商品，因此多为盒装和罐装商品等，通过大量堆积打造充足感。

这样，即使是难以堆积的水果、蔬菜类等，使用专用的辅助工具也可以进行陈列。 此时，如果卖掉一个，辅助工具的底面就会立刻显现出来，因此需要进行及时补货。 就让我们在销售高峰前，进行一下卖场确认吧！

◆设法扩大体积

使用该种陈列方法，就要从第二层开始呈阶梯状地向后逐渐堆高。 为了进行扩大体积陈列，也要设法在底面放置辅助的替代品。 另外，还要设法使替代品与商品属同一规格尺寸，不被顾客发觉。

另外，原则上商品要按正面陈列。 然而，如果是竖长型商品，鉴于其站立具有不稳定性，也可以使其横向卧倒。

此外，不能过度扩大体积而使顾客不能够到里面最上层的商品。 因为这样会使顾客无法挑选。

为使顾客从生产年月日靠前的商品开始拿取，要从外向里进行陈列。 例如分为 4 层，就要逐层考虑展开的列数。 如果第一层是 5 列，中间就是 4 列和 3 列，最里面是 2 列等。 要经常确认位置，考虑列数，尽可能地使顾客可以从面前拿取商品。

　　另外，在这里也要张贴大型 POP，从而使顾客即使在远处也能了解到此处陈列的商品。

提高差别化商品的醒目度
扩张（突出）陈列

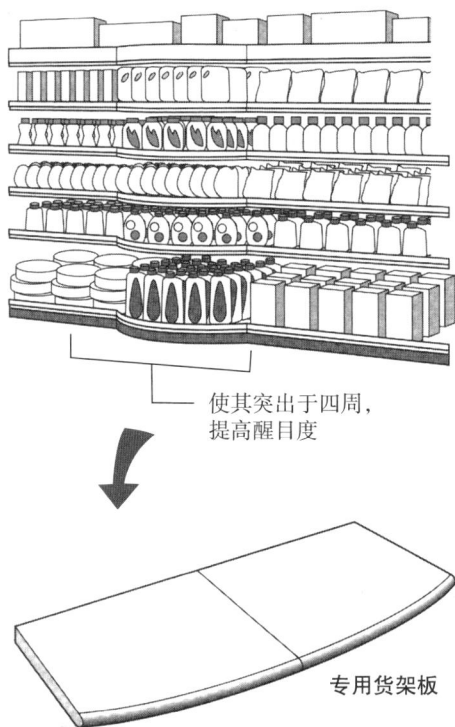

使其突出于四周，
提高醒目度

专用货架板

图 4 – 12　扩张（突出）陈列

◈一个卖场只有一个

所谓扩张（突出）陈列，顾名思义，就是这样做有扩大卖场面积，使特征性商品突出的目的，也会给顾客产生该卖场与两侧不同的印象。

这里销售的不是贱卖品，而是高附加值的重点商品及高价商品。因此需要谋求差异化以提高注目度。

因此，一个卖场中不能有多个这样的商品，基本上一个卖场中只有一个。而且，在卖场整体摆放多个这样的商品，也会显得不自然。

此外，不能没有差别化商品，但为了吸引顾客，刻意使其突出。如果知道了该处并没有什么不同，顾客就会认为其他卖场同样的陈列也没有什么不同，这样就无法吸引顾客的兴致了。

◈使用专用货架

在该种陈列中，通过使其比一般的前方货架线向前稍稍突出，从而使顾客认为该处商品与其他商品有差别。

为此，要安装向前突出的专用货架板。打破该处与周围货架的统一感，关注度就会提高。

由于是专用货架板，可以在该处使用绚丽的色彩辅助商品进行展示。

如今网购十分盛行，请在商品目录及主页中确认货架的尺寸。

133

此外，由于醒目度会提高，要使用 POP 传递信息并及时补货，以使顾客明白该处商品具备其他商品没有的特色。

最适合分量重的商品陈列
手推车陈列

柜式推车

手推车组合而成的陈列

图 4－13　手推车陈列

◆搬入后可以直接陈列

这种陈列，是将分量较重的大米、大瓶果汁、鸡蛋等放在装载货物用的手推车、平台车（带低脚轮的微型手推车）及车型推车（三面用栅栏相围、前方开放的带脚轮的物流手推车）上进行陈列的方法。 最近，不锈钢和塑料等轻量化且颜色绚丽多彩的手推车在不断增加。

如果是装载货物用手推车，则在仓库后院装载商品，直接放在手推车上运入卖场。

此外，也有手推部分的手柄可以拆卸的类型。 如果仅有那种传统式低型手推车的类型，则必须将手推车置于卖场中，从其他的手推车及车型推车上换商品，但现在不需要这种作业了。 只需将装载在手推车上的商品搬运到卖场，卸掉手柄部分，就可以完成陈列。

最近，有时也将柜式推车用于陈列。 柜式推车是日本特有的，在多品种小批量的物流中不可或缺。 其优势是全能型，具有台车及集运架等功能。 因此，在仓库里装入货物就可以直接进行保管，也可以直接将其装上卡车运送到商店。

而在商店里，有时也可以直接卸货，并将其陈列在卖场。 另外，如果覆上保温罩，也可以应对冷藏和冷冻商品，因此也被用于搬运生鲜肉鱼等商品上。

◆诉求低价

手推车陈列作为一种简单的陈列方法，可以诉求

135

低价。

关于其放置场所，则应放置在陈列架前方及货架侧面等地，以便于顾客拿取及搬运。

削减成本、诉求低价
集装箱（运输箱）陈列

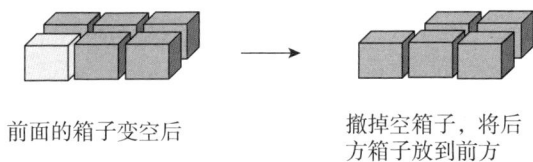

前面的箱子变空后

撤掉空箱子，将后方箱子放到前方

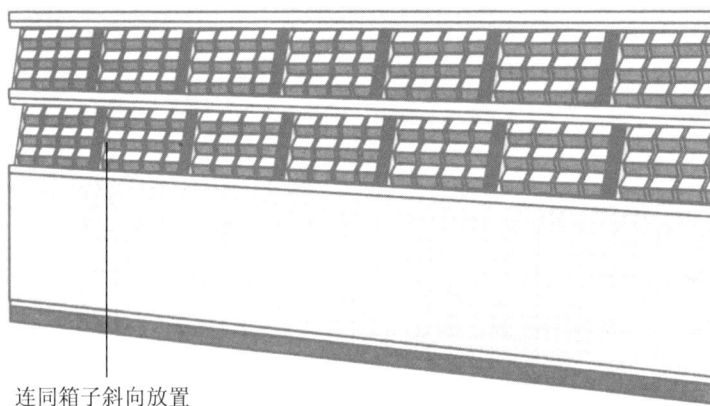

连同箱子斜向放置

图 4 – 14　箱式陈列→带箱（盒）陈列

◆**带箱陈列**

该陈列是在冷藏陈列箱中，将牛奶及果汁等一升包装的商品，连同集装箱一起陈列的方法。

集装箱是指用卡车运送时装入车型推车里的配送用专用箱。

在该陈列中，将搬运时的箱子直接作为陈列架而活用。 以往，将商品运入卖场，需要进行将商品从箱子里移换到卖场陈列架上的作业。 然后将未在卖场陈列完的商品放回冷藏室仓库。 如今，使用了带箱陈列，就省去了这一部分的人工，从而削减了成本。

◆**使前方箱体倾斜**

为方便顾客拿取商品，要将前方的集装箱斜向进行放置。 此外，如果箱子中的商品变少，要将在后方冷藏的新箱子移到前方。 并且在该箱子上，陈列上一个箱子里的商品。 再将空集装箱返回仓库，并在下一次卡车运输时将空集装箱送回。

但是在搬运时，集装箱有时会被弄脏，因此在陈列时，需要确认一下集装箱是否整洁。

该陈列方法属于通常的重视充足感的方法，与卖场的展示技巧基本无关。 该陈列在基本商品中非常有效，是一种使顾客在家中物品数量变少或用完时进行购买的陈列，因此顾客不需要商品的详细说明。 另外，除促销

137

外，该陈列一般为习惯价格（习惯性的特定价格设定），最适合牛奶及果汁类等商品。

具有诱导顾客入店的作用
橱窗陈列

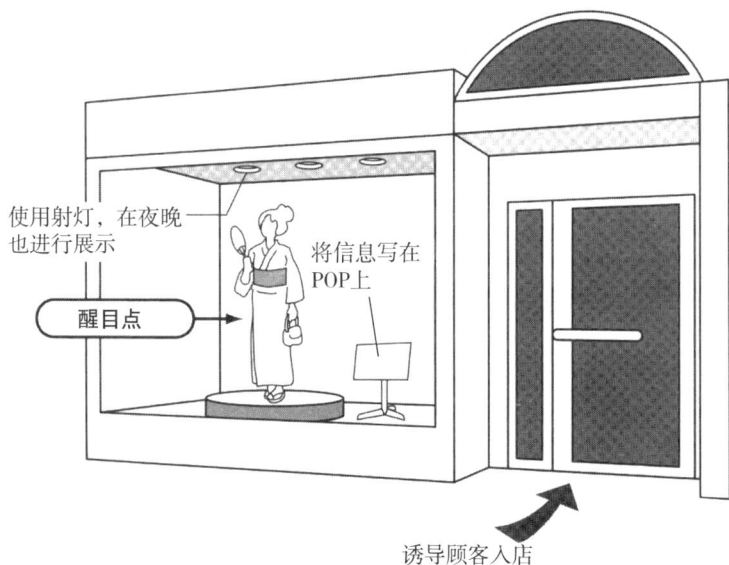

使用射灯，在夜晚也进行展示

将信息写在POP上

醒目点

诱导顾客入店

○向行人传递商店信息;
○将行人引进店内。

图 4 −15　橱窗陈列

138

◆在店头强烈传递信息

该陈列是在店头的橱窗里展示商品、向行人传递信息的陈列方法。 其优势是将可称为商店脸面的商品信息传递给顾客，进行强烈诉求。 橱窗陈列也有将行人引进店内的作用，相当于 VMD 中的 VP。

其缺点是顾客不能切实将商品拿到手里触摸，必须进入店内。

在下一节即将说明的舞台陈列中，要在卖场中搭建舞台，其目的也是一样，在店头具有担当醒目（特写）点的作用。 也就是说，它是一种具有提高回游性、将顾客从店头诱导进店内的效果的存在。

◆宣传流行商品、应季商品、新商品及推荐商品

该陈列主要用于宣传流行商品、应季商品、新商品和推荐商品，是传递此类商品信息最合适的场所。

例如以夏季的烟火为主题时，要在店头展示浴衣（棉布的和服单衣），并在 POP 上公布附近烟火大会的举行日期及会场等信息。

此外，有时也在店内展开专卖角，此时就在店头将该商品所在处连同顾客目前所在位置一起进行标示。

以浴衣为例，可以考虑扇子、杀虫剂、凉席、塑料瓶为关联销售商品。 此外，如果能有应付骤雨的折叠

139

伞、小坐垫、蚊虫叮咬药、湿纸巾、保鲜膜等商品就更为贴心了。

另外，在夜间营业时间中，橱窗陈列也会使用射灯对行人来突出商品。

陈列商品的"脸面"
舞台陈列

舞台

通道

- 流行商品
- 应季商品
- 新商品
- 重点培养商品

人体模型

半体模型

图 4 – 16　在店头使其突出以提高醒目度

◆也可用于高档商品

该陈列属于在卖场中打造舞台、陈列商品的方法。舞台陈列的商品，在可以进行展示陈列的场所主要担任醒目点的作用。 因此，舞台通常设置在具有巡回性及将顾客诱导至店内效果的位置。 具体而言，是指墙面部分及岛部（通道的中央部分）两个场所。

舞台陈列主要用于宣传流行商品及应季商品、新商品及重点培养商品，也可以打造高档商品的形象。

例如，如果是服装店，则用人体模型来展示商品的更换及组合。

然而，如果在开放的空间内展开，就容易因灰尘等影响而变脏，因此要准备陈列舞台。 此外，有时也使用射灯来突显商品。 另外，由于陈列需要占用空间，因此需要确保有富余的面积空间。

◆不能漫无计划地进行陈列

在进行舞台陈列时，要制定好年度销售计划，不能漫无计划地进行陈列。 这是一种可称为该商品"脸面"的陈列方法。 如果顾客对此评价不好，就不会去往该卖场。 相反，如果舞台陈列做得好，也可能引发顾客的冲动型购买。

从 VMD 的角度来说，舞台陈列相当于 VP 与 PP。因此在进行实际陈列时，VMD 技巧是必要的。

此外，打造舞台需要花费时间。 曾经有一家服装全

141

国连锁店，为了进行这种舞台陈列，有些地方除本部的VMD负责人以外，任何人都不准接触。 舞台陈列就是这样一个决定商店形象中如此重要的要素。

最适合季节性商品和提案商品
岛式陈列

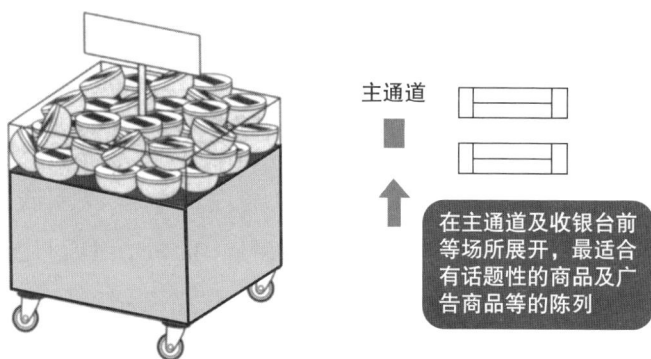

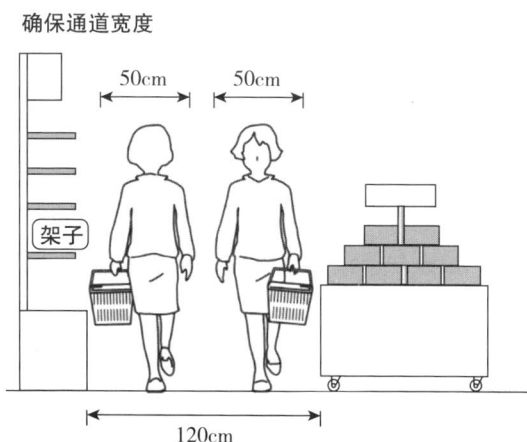

主通道

在主通道及收银台前等场所展开，最适合有话题性的商品及广告商品等的陈列

确保通道宽度

50cm　50cm

架子

120cm

图 4 - 17　岛式陈列

142

◈在主动线上成为高效磁石

这种陈列，是在客动线通道上，像岛屿一样与墙壁主陈列架有一定距离的陈列台配置方法。 有时也简称为岛陈。

这种陈列方法是最适合正在电视广告中宣传的话题性商品、广告商品、季节性商品与提案商品等等。

如果设置在主动线上，岛式陈列就会成为高效磁石。 但是陈列的商品必须与两侧通道和货架有所关联，而不能放置毫无关系的商品。

至于陈列场所，要以通道中央为中心，在店铺入口附近和收银台前展开。

◈注意通道宽度

在通道上设置时，需要确保通道宽度使往来顾客不会挤撞，最少也要空出 120cm 以上。 这是因为顾客的肩宽大约为 50cm，如果有了这样的通道宽度，顾客擦肩而过时不用避让就可以通过。

因此，在制定动线计划时，要与通道宽度联系起来，将岛式陈列纳入其中。 不能在开店之后再进行追加。 这是由于对顾客而言，如果临时增加了陈列，就会认为通道上出现了新障碍物而使通行不便。 另外，射灯照明、冷藏商品和保温商品的电源插座配线也要计划周详。

同时，要将陈列台高度设定为 100cm 左右，并使顾客从稍远的位置也可以看得到。 由于其位于通道上，如

果突然出现就会使顾客感到不便，因此应使用大型 POP
展板及悬挂在天花板上的 POP 来让顾客从远处就知道其
下方有岛式陈列。

使停留率低的角落起死回生
机会角陈列

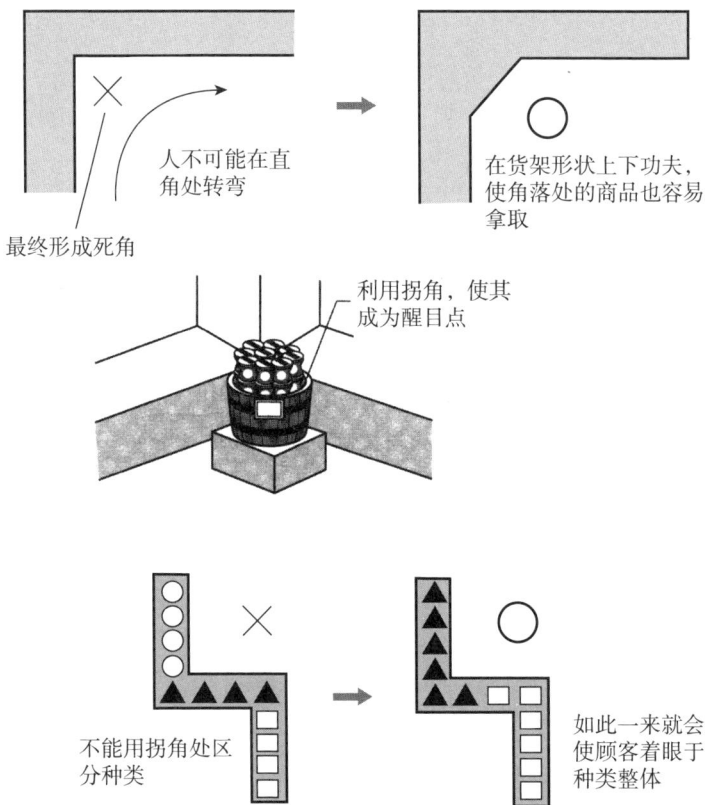

人不可能在直
角处转弯

最终形成死角

在货架形状上下功夫，
使角落处的商品也容易
拿取

利用拐角，使其
成为醒目点

不能用拐角处区
分种类

如此一来就会
使顾客着眼于
种类整体

图 4 - 18　机会角陈列

◆人不可能在直角处转弯

我们人类不能像机器人一样活动，在有角落的地方，会沿面前舒缓的曲线行走。 因此，店铺内动线上的货架之间及拐角附近部分必须要圆滑地完成衔接。

此外，店内也应该会有个别柱状构造等不能放置陈列架的地方。

如此一来，该角落就会出现顾客停留率低的死角部分。 在这种情况下，将一般认为处于劣势的死角进行逆转，巧妙地引入机会角陈列，就非常有效。

◆提高醒目度的方法

在这里，可以利用藤篮等容器来堆放商品，并进一步张贴 POP 来提高醒目度。

此外，对于 L 字形角落的商品，从面前到里面要将整体作为一个关联种类进行陈列，以使顾客可以一览无余。

或者，也可以从店铺设计的阶段就考虑按照"コ"字型嵌入陈列架，将突出部分隐藏起来。 这是将其作为设计的一部分加以充分利用。

另外，可在空间上部进行 VMD 的 PP 展示。 例如，如果是鲜鱼卖场，则可以考虑挂上大渔旗。 并且要利用射灯，使顾客从远处也能看到。 此时，如果像渔市和市场一样播放船舶的引擎声和竞赛声会进一步提高展示效果。

145

如此一来，传统意义上的销售死角就可以成为创造出高关注度的机会角。

诱导顾客付款前的冲动购买
收银台前小货架陈列

收银台前可以说是顾客一定会通过一次的一等区域销售角。

收银台前端头陈列的展开实例

诱导冲动型购买

☐ 稻草绳饰品、圣诞商品等应季性商品

☐ 干电池、打火机、口香糖等

提高认知度

☐ 想要得到顾客认知的新商品及重点培养商品

图4－19　收银台前是一等区域

◈可以诱发冲动型购买

这种陈列，是将商品陈列在与超市收银台前相毗连的端头处的方法。 如果购买了商品，顾客一定会通过某个收银台前。 因此，这里可以说是认知度很高的一等销售区域。

日本有一个比喻："收银台前的口香糖。"口香糖的价格为 100 日元左右，属于容易轻松购买的商品。 存放时间久，且不会成为负担。 因此，当顾客排队在收银台支付时，容易诱发其冲动购买。

除此之外，还要陈列干电池、打火机、香烟等同样诱发冲动购买的商品。 这绝对不是目的性购买，而是使顾客在收银台前排队时，看到后会放入购物篮的冲动性购买。

例如，玩具店 Category Killer（在某种商品种类中，压倒性地准备各种商品进行销售的零售业）及 Toys "R" Us 的收银台前陈列着干电池，这样做可以防止顾客忘买。 因为有很多玩具都以干电池为电源。

此外，如果放置新商品和推荐商品等，认知度也会提高，从而创造出购买机会。 因为，这里也是季节性商品陈列的适当场所。

◈为了让孩子购买

也可以考虑将点心卖场设置在收银台前，让同妈妈一起来店的孩子购买。 此时，要配合孩子视线，把货架板设置得低一些。 当妈妈通过收银台时，孩子在该处拿

147

取商品的概率就会变高。

此外，在便利店等地方，制作出小型购买（一点追加购物的意思）角，陈列 100 日元左右的价格不太高且容易拿取的点心类商品。 这是在制造收银台前最后一次冲动购买的机会。

最大限度地有效利用卖场
侧面陈列

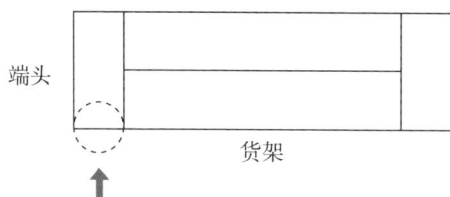

端头

货架

- 关联商品
- 适合体积不大的少量商品

图 4 -20　充分利用货架侧面

◆有效活用卖场

这是将商品陈列在陈列架侧面部分的方法。

直到不久以前，货架的侧面还是不陈列任何东西的。 然而，最近也开始在顾客经常通过的主动线上处于优势位置的货架端头侧面及柱子侧面展开陈列。 这正是在谋求卖场的充分利用。

由于本来就不属专用货架，因此不能放置大型商品。 另外，在该处放置网板，使其与货架板相接。 至于陈列方式，基本上是使用吊式陈列和篮筐展开。 但并不是任何商品都可以在此摆放，一定要限定在与两侧相关联的商品上。 另外，商品要求体积小而分量轻，因为这样才适合吊式陈列。

◆使其与端头相连动

例如，在端头货架销售葡萄酒时，在其侧面用吊式陈列来展示开瓶器及搬运用细长形葡萄酒袋、玻璃毡及餐巾。

此外，葡萄酒节电器（保存未饮用完的葡萄酒并防止其氧化用的制动器）也是很有人气的便利商品。

此时，为保持与货架端头一致，在侧面网板的里侧也悬挂上酒红色缎纹织布。 如此一来，就可与货架端头产生联动，共同演绎高级感。

如果是在旁边货架销售葡萄酒杯，则侧面、货架端头及陈列架旁边等三个地方就会相互联动，从而创造出葡萄酒卖角，带来销售额的提升。

自由有效地利用
墙面陈列

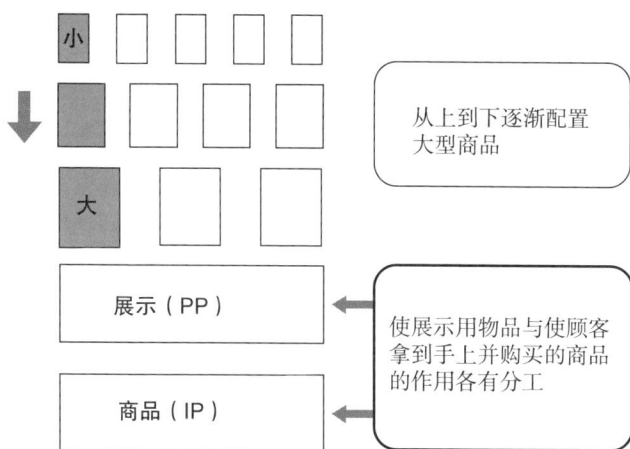

从上到下逐渐配置
大型商品

展示（PP）

商品（IP）

使展示用物品与使顾客
拿到手上并购买的商品
的作用各有分工

有时也在吊式陈
列中使用网板

图 4-21　墙面陈列的基本

150

◈ 有效利用死角

利用店铺墙面的陈列方法。 直接用吊式陈列将商品展示在墙面上。 另外，也可以在墙壁前面放置陈列台加以利用。 这样，本为死角的墙面，就可以得到有效活用。

商品应由上至下进行体积由小到大的陈列。 由于属壁面陈列，取放容易，从地板到天花板都可以自由陈列。

◈ 高处与低处的功能区分

这种陈列的缺点是天花板附近的商品不容易拿取。因此将高处的墙面作为 VMDPP 的展示空间。 在其下方将商品进行 IP 陈列。 如此一来，就可以诱导位于远处的顾客向此靠近。

另外，当墙壁位于电梯旁边时，在该陈列架的后方也要进行展示。 当顾客到达该层时，就能吸引并促使其停留在该卖场。

面包店经常将墙面做成玻璃板，从而将大量的面包陈列给来往的行人。 然而也仅仅限于陈列面包，几乎没有一家面包店使用 POP 向外传递信息。 只要写上"刚烤好的面包，请享受这浓郁的香气吧"、"春日的自信之作，核桃面包，品尝销售中"等等，就极有可能将行走在外面的路人诱导至店内。

至于这里面的原因，在于店铺的设计者们与店员之

151

间存在职责与意识上的差距。 因为从提高玻璃板等的开放度展示、最初的陈列架到价格牌的订购都是在设计事务所里进行的，而开店后在日常的操作中制作 POP 的却是店员，二者之间没有联动。

顾客可以自由拿取商品
开放式陈列

区别于展示用

顾客可以将商品自由地拿到手上观看

开放式陈列的缺点

- 陈列容易混乱
- 商品有时会破损和毁坏
- 容易堆积灰尘

图 4 - 22　开放式陈列

◈店员服务差距变小

开放式陈列是顾客可以自由拿取商品的陈列方法。实际上，由于顾客自身可以轻松地将商品拿到手上并进行 POP 的确认，店员的说明工作就可以省掉。

1930 年（昭和 5 年），在美国诞生了自助商店，采用了开放式陈列。而在此之前，一直都是柜式陈列。如今，几乎大部分零售店都开始采用开放式陈列，以自助或者购物自选的方式进行销售。

事实上，这是一件具有划时代意义的事件。在此之前的柜式陈列时代，是一个没有形成自由购物概念的时代。也就是说，存在着商店销售无价格牌的商品这样的思想。因此，也有过因顾客不同而价格不同的情况。从这个意义上说，开放式陈列也有"平等"的意味。

另外，开放式陈列是让顾客自由地选择商品直至购买，因此店员之间因服务质量的差异而产生的差距就会变小。

◈便于拿取的弊端

但该种陈列也有容易混乱的缺点。顾客可以自由地选择商品，当决定不购买时，商品就会被放回卖场。因此在服装店里，存在着重复叠放和整理商品的工作。

另外，由于顾客可以自由触摸，商品有时会破损或毁坏。因此要注意陈列架形态，使用那些容易放回的陈

153

列架。

　由于是开放式陈列，也存在灰尘容易堆积的问题。另外，由于照明灯光是直接照射的，也会发生由于日光灯紫外线而引起的褪色现象。

通过整理减轻顾客压力
块状陈列

块状陈列的思维方式

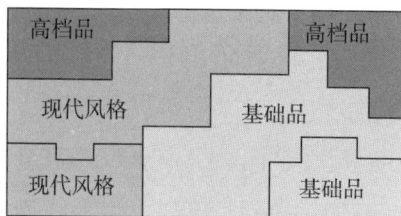

高档品	高档品
现代风格	基础品
现代风格	基础品

视线上下移动，使人感到压力

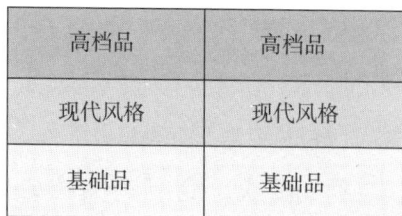

↓

○

高档品	高档品
现代风格	现代风格
基础品	基础品

以块状使顾客认识到种类，打造出轮廓鲜明的卖场

图4-23　块状陈列

◆使种类成块状集中

陈列在架上的商品，即使是同一种类，在其各自的大小及包装上也会存在差异。

丝毫不考虑陈列的卖场特征之一就在于，商品陈列呈散乱状。 而让顾客的视线在陈列架上上下移动，就是使其感到压力的根源。 此时，应该注意块状陈列。

所谓块状陈列，是指制造块状物。 由于不会过度装满商品，各块之间就会产生空间。 如此一来，集合小块的大块的注视度就会进一步提高。 杂乱的陈列（杂陈）消失了，就可以创造出简洁而鲜明的卖场。

其特征是，通过块状集中，也可以促进相近种类商品间的比较购买和关联购买。

要注意的是，做成块状的是各分类种类的商品。 例如按功能、按价格、按尺寸、按销售排名及按厂家等。从而使顾客一眼即能明了的陈列是重点所在。

◆销售量因"正面效果"而增加

此外，由于该陈列符合正面效果（如果商品标识可以经常被看到，销售额就会上升），醒目度会很高。 也有数据显示，通过将散乱陈列修正为块状陈列，销售量上升了30%。

这些也通用于 VMD 的标题技巧。 在标题中进行块

155

状设计，同时在该设计周围留空间，如此一来，块状设计中的标题醒目度就会上升。

使视线普及到整体的效果
插入式陈列

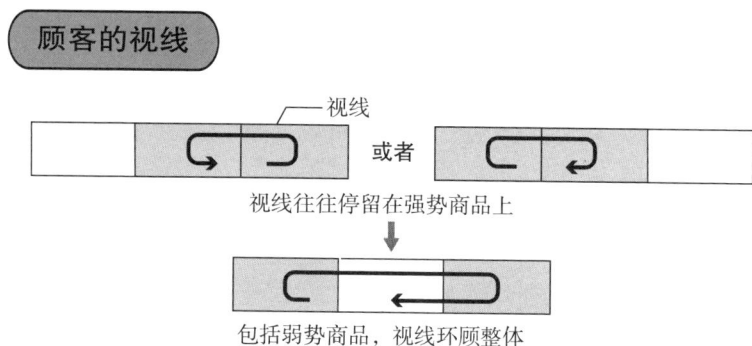

顾客的视线

视线

或者

视线往往停留在强势商品上

包括弱势商品，视线环顾整体

分散强势商品

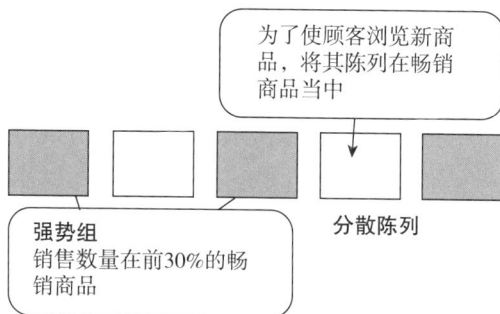

为了使顾客浏览新商品，将其陈列在畅销商品当中

强势组
销售数量在前30%的畅销商品

分散陈列

图4-24　全面服务（面对面）销售

◈如何让顾客浏览新商品

新商品和新进货商品之前在该卖场当然是不存在的。 我们有时会困惑：应该将此类商品陈列在何处？此时，就让我们试一试插入式陈列的技巧吧！

这些商品处于毫无销售实绩、销售额为零的状态。因此要将其摆放在有知名度的畅销人气商品和消耗品中间进行销售。 当然，还要张贴 POP。

如此一来，商品在该卖场内自然就会进入顾客视野，注视度就会上升。 并且可以达成整体购买平衡，产生销售额相辅相成的效果。 这是一种将弱势商品放到强势商品之间的销售方式。 通过将培育商品摆放在有利位置，达到畅销的目的。

例如，啤酒属于顾客嗜好性强、比较倾向于指定品牌的商品。 当在卖场投入新商品时，要利用这种插入式陈列，将其陈列在名牌啤酒之间。

如果是蘑菇类新商品，就要设法将其陈列在畅销的香菇和口蘑之间。

◈分散强势商品

在卖场种类中，我们将畅销商品组称为强势组，这是指销售数量在前30%的商品组。 不要将该强势组集中到一个地方，而是将其分散摆放，以此来使顾客的视线也关注到被插入到强势商品中的弱势商品中。

即使是为了让顾客认识并产生使用欲望，也要首先

157

积极展开插入式陈列，然后再将其放回原来的位置，这样的方法会非常有效。

使顾客亲身体验商品
样品陈列

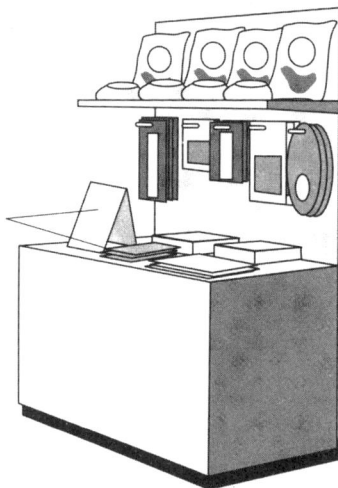

样品陈列展开例

让顾客亲身体验使用感

☐ 化妆品等的试用专柜
☐ 食材试吃

提案活用

☐ 说明食材等的烹饪例及烹饪方法
☐ 玩具等的透视图展示

印刷出POP及烹制
方法并摆放好

图 4－25　样品陈列

◈易于进行无人销售

功能性及高附加值的商品可以使用提案型展示中的样品向顾客传达信息。 通过让顾客真实体验商品自身、增进理解度来推动其购买。 另外，易于进行无人销售也是其特征。

例如，在可称为"百货商店脸面"的一层化妆品专柜，顾客可以对样品进行亲身试用。 专柜人员则可以进行说明和建议。

◈作为提案、建议、解答

另外，想要销售菜单计划里的食材时，有时要让顾客浏览样品商品。 这是一种利用餐厅橱柜里的菜单样品进行陈列的方法。

所谓膳食解决方案，是指解除做什么饭的烦恼。 在卖场不仅要提供食材，还需要作为厨房帮手进行菜单及料理的建议及提案。 此时，样品陈列就会派上用场。

将样品放入透明容器等，使信息容易向顾客传递。另外，要印好 POP 内容及烹制方法等，同时将可以把该纸片带回家的信息也告之顾客。

如果是新材料的服装，要将样品陈列在陈列架前，让顾客真实体验。 通过顾客将其拿到手上触摸，商品价值就变得容易传达。 如果是塑料模型，则展示透视图景（立体模型），让顾客看到成品的样子。 另外，如果是玩具就真

159

的让孩子拿去玩，这样会促使顾客的购买。

　　一定要在样品附近大量陈列该商品，以便顾客如果喜欢，马上就可以进行购买。

使蔬菜和水果长久存放
站立型（竖立）陈列

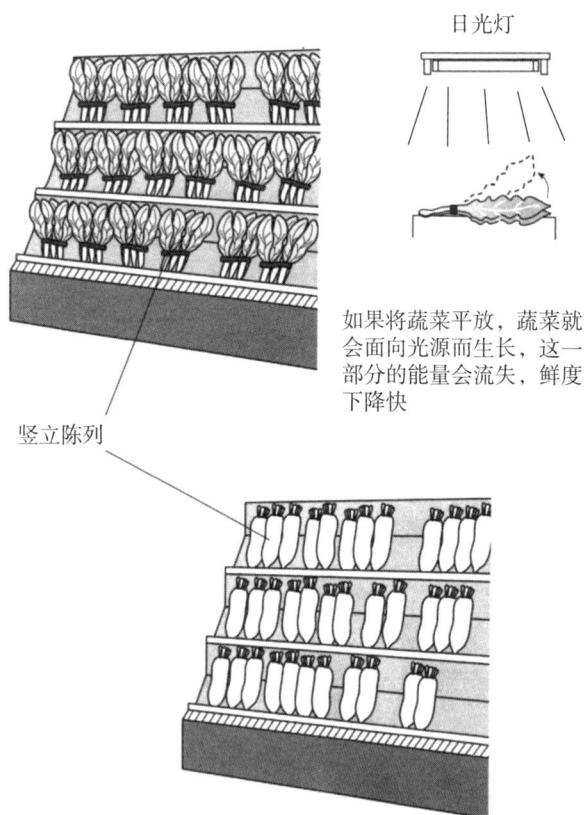

日光灯

如果将蔬菜平放，蔬菜就会面向光源而生长，这一部分的能量会流失，鲜度下降快

竖立陈列

图4-26　站立型陈列

◈竖立陈列的蔬菜在卖场里也会生长

竖立陈列，是指在超市里将蔬菜竖立起来进行陈列的方法。

蔬菜中，有的是垂直生长的。 例如，根菜类（位于地下部分的茎与根为食用部分）中的萝卜、大葱、胡萝卜等就属于该类蔬菜。 此外，西兰花及甘蓝等花菜、菠菜和白菜的叶片、芦笋等茎菜也属于竖立生长型。 蔬菜在收割以后，也会继续活跃生长。 因此，诸如芦笋等如果将其平放，芒就会朝着有光源的方向隆起。 由于消耗了该部分的能量，鲜度就会迅速下降。

因此蔬菜要按其生长的自然状态，也就是说，对于竖立型的蔬菜，使其竖立陈列更能保持其鲜度。

◈用 POP 进行说明

使用塑料等托架贮藏商品，并设法在底面铺设海绵等缓冲材料使其竖立。 由于不可能完全垂直，可以使之有些许角度，使商品倚靠在里侧。

另外，要用 POP 标明站立型陈列的有效性。 但由于其纵式陈列，商品的长度越长稳定性越差。 还要在 POP 上提醒顾客注意该商品的处理方法。 否则，即使在卖场煞费苦心地将商品竖立起来进行销售，但顾客买回后将其平放在了家里的冰箱里，就失去了其意义。

此外，为了阻止其生长，也需要去掉其根与芯。 卷

161

心菜与莴苣会产生乙烯气体（促使植物生长及老化等的植物荷尔蒙），使蔬菜养分减少，新鲜度退化。

增加卖场突出点
抛售（jumble）陈列

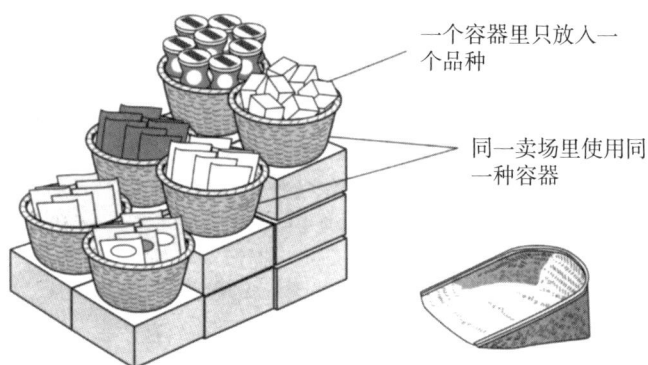

一个容器里只放入一个品种

同一卖场里使用同一种容器

×　　　　　　　○

铺垫物

如果商品沉没在容器里，就不能展示出充足感，相反会给人商品不足的印象

在容器下方放置铺垫物，提高底面后进行陈列，使商品堆积起来

图 4 - 27　抛售陈列

◆一个容器一个品种

jumble 有"收集"、"散乱混合"的意思。 最初是由 jumble sale（杂货贱卖市场）的形式派生而来，指利用藤筐及金属箱、木箱等给卖场加突出点的陈列方法。 抛售陈列，同时也有向顾客诉求低价的形象。

该陈列原则上是在一个容器里放入一种商品。 不要放入不同种类的商品，要为每种商品分别准备容器。 唯一能放在一起的是同一价格同一系列的商品，例如炸土豆片的咸味与原味等。

此外，在该卖场陈列多个容器时，要统一为同一种类。 如果使用不同类型的容器，就会出现不协调感。

另外，也可以在各种陈列方法的下层部分搭配该抛售陈列。 例如，通过将其置于吊式陈列或普通的货架端头陈列的下方，使顾客易于拿取。

◆必须有充足感

为了展出充足感，要将商品堆积到高于容器边缘的状态。 可以在底部放入替代的块状物，以提升高度。

如果没有放入替代的块状物，商品未高出容器口水平线而处于较低位置，就属于卖场中的不良陈列例。 如此一来，不仅不会引起顾客的关注，相反会看起来商品不足。

此外，有时也会在货架中层使用网，从而以向前突出的形式展开。 进一步地，有时也会在货架端头和岛式

163

陈列中进行。 将四周用内部透明可见的塑料柜围住并将商品投入其中，打造大型抛售陈列。

直接用箱陈列以诉求低价
割箱陈列

切掉包装纸箱的上方部分并直接将其进行陈列

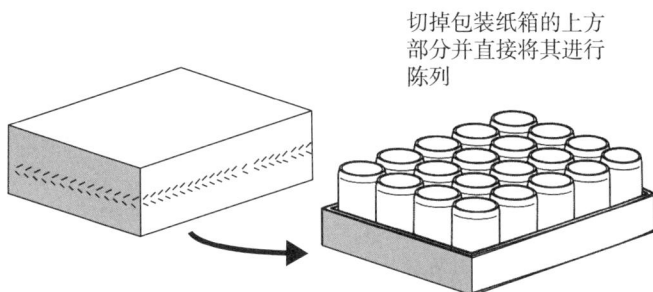

⚠
- 不要出现空箱
- 把POP置于醒目位置
- 不要直接放置在地面上

图4-28 割箱陈列

◈给人没有花费多余工夫的印象

割箱陈列，主要指食品杂货及果汁、化妆用品（洗剂）商品等装在出厂时的纸箱中直接进行陈列的方法。最适合打折销售认知度高的人气商品。 另外，可以进行堆积多个纸板箱的大体积陈列。

由于要切掉位于最上方的纸板箱的底面以外的部分，我们称之为割箱陈列。 也可切掉下部以外的所有部分，使侧面为三角形及开窗式，从而进行商品陈列。

割箱陈列给顾客一种省去了多余陈列工夫的印象，并且能给人低价感。

最近，厂家有时也为了便于切割而在纸板箱上设置了切割线。 另外，在切割完纸板箱之后也要在标示上下工夫，以使印有商品名称的一面容易被看到。

◈不要出现空箱

这种陈列的缺点是，如果最上方的商品售完，卖场就会出现空箱。 此时要拿掉该空箱，打开位于其下方的新纸箱进行重新陈列，因此在高峰时间前要进行卖场的确认。

此外，将装在纸板箱里的商品全部取出并一一张贴价格牌这一作业是很困难的。 因此，需要用 POP 将商品名称和价格进行标注。 当陈列多个箱子时，POP 一定要统一插在横排同一高度的箱子前面。 否则，顾客的视线就要上下移动。

165

我们经常会见到陈列时直接放在地面上的情况，这样会存在卫生方面的问题，因此应该摆放在带脚轮的手推车或台子等上面。

展示"溢出"感
翼型(翅膀)陈列

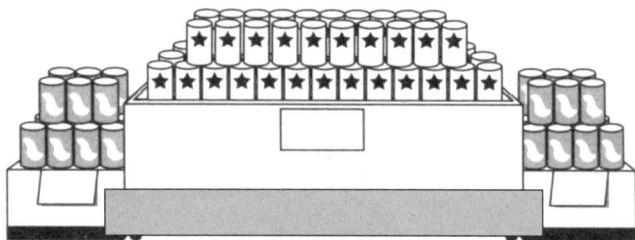

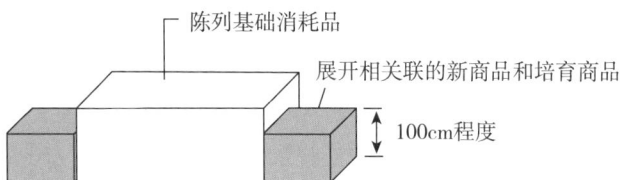

陈列基础消耗品
展开相关联的新商品和培育商品
100cm程度

• 不要在两侧放置基础消耗品
• 不要在销售额最高的卖角进行
• 不要在通道狭窄的地方进行

图4-29 翼型陈列

◈演绎"值得购买的商品"形象

翼型（翅膀）陈列，是指在货架端头或手推车陈列的一侧或两侧，进行突出状陈列的方法。 由于从上方看呈倒 T 字型，像鸟儿张开翅膀的样子，故有此称。

又因为其在辅通道上呈突出状态，因而不能作为常设卖角。 务必要打造出在货架上陈列不尽而溢出来的值得购买的商品形象。

因此，翼型陈列中的商品必须与货架上的商品相关联。 基础消耗品陈列在货架上，翼型陈列中摆放新商品和培育商品。

另外，一定要用 POP 进行说明，使顾客知道商品价格并了解其与货架商品相关联。

具体应用是，在货架前方进行抛售陈列，并演绎出商品充足，同时"溢出"辅通道侧面的形象。

◈注意进行场所

但是，此种陈列切忌在主动线上销售实绩最高涨的卖场进行。 这是由于如果这样做，该处的顾客停留率就会上升，不能使顾客回游。 如此一来，也会影响到本该最畅销的货架商品。 因此，此种陈列方法要选择处于第二或第三等优越位置的货架进行。

另外，如果在辅通道进行，有时也会成为障碍，因此只能在通道宽阔的地方进行。 同时，由于翼型陈列后方的陈列部分会不容易被看到，故其高度也应相当于黄金区域下层部分的 100cm 左右。

167

打破部分平衡以提高醒目度

突出式（推出）陈列

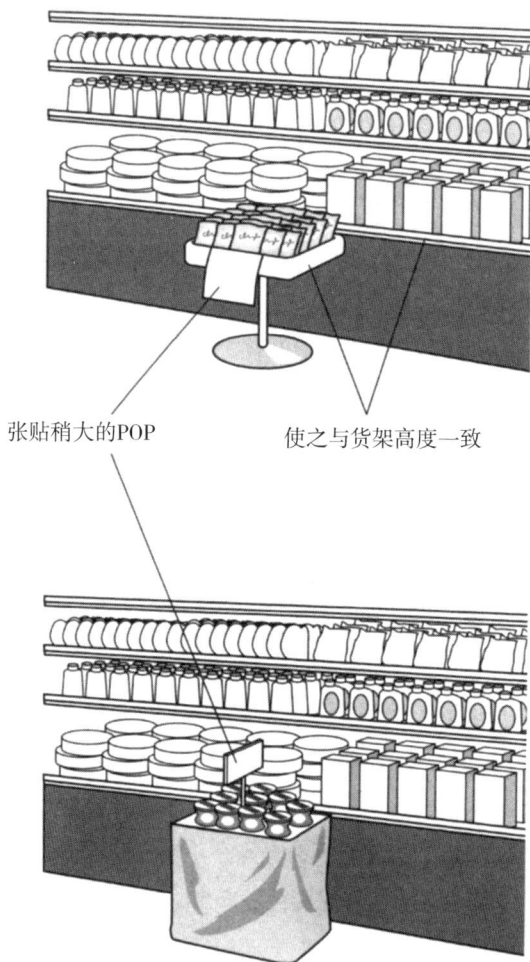

张贴稍大的POP

使之与货架高度一致

图4－30　突出式陈列

◆谋求差别化的突出式陈列

该陈列，是特意以突出的形式，在货架和冷藏柜的横向陈列线前方通道上进行陈列的方法。 适用于基础消耗品、重点商品、广告商品、打折商品、新商品及推荐商品。 通过打破些许平衡，提高醒目度，谋求与普通卖场的差别化。

添加在通道上的陈列架，有的是可以调节高度的专用架。 除此之外，也会活用割箱陈列的纸板箱、抛售陈列的篮子等。 但是要将陈列架的高度与常设货架的下层横线相统一，并在此基础上，设法扩大体积。 如果低于货架线，就会因为缺少充足感而看起来显得寒酸，因此一定要使其呈现出隆起于陈列架的状态。 在卖掉一定的数量，低于"最少陈列数量"之后，记住要在普通卖场里重新陈列商品。

一定要通过竖立稍大的 POP 来提高注视度。 如此一来，可以使顾客在较远的位置也进行了解。 POP 分为竖立在陈列架正中央和张贴在前方两种情况。 竖立时，要注意尺寸的调整，以使后面的商品不被遮盖。 即使有些突兀，也要在 POP 上写明陈列的理由。 例如新商品、很划算、广告上有登载等语句。

为了使其不成为障碍，一定要在通道宽度广阔的地方进行。 另外，位于冷藏柜前方时，由于会变为突出于该处的状态，因此要避开需要保鲜的冷藏商品。

169

◆普通卖场的醒目率会下降

另外，如果过多使用该陈列方法，会导致普通卖场注视率低下，有减少购买件数的危险，因此要注意合理使用。

展示鲜度和季节感
瀑布式陈列

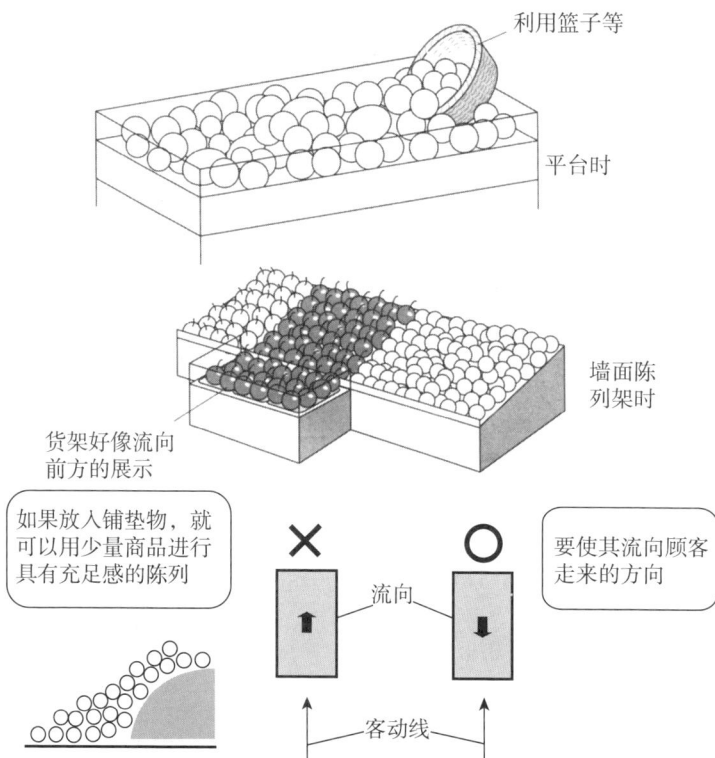

利用篮子等

平台时

墙面陈列架时

货架好像流向前方的展示

如果放入铺垫物，就可以用少量商品进行具有充足感的陈列

× 流向

○ 要使其流向顾客走来的方向

客动线

图 4 - 31　瀑布式陈列

◈像瀑布及河流一样使商品"流动"

这种陈列，是指像瀑布和河流一样自上而下流动的形象陈列商品的方法。 适合单品并可能多个、大量销售的商品，特别是圆形和细长的长方形商品，最适合橙子及葡萄柚等水果类。 展示上也不需要花费太多的工夫和时间，就可以传达该商品具有的形象，包括提高季节感及鲜度感和低价的形象。

使用该陈列，首先要决定陈列架里侧的源流位置。由于陈列量较多，可以在基础部分放入铺垫物。 如果使用半圆形或四分之一圆形，会进一步增加真实感。

◈使其流向与客动线呈相反的方向

为了展示出像瀑布一样从上方流淌下来的形象，从高处位置到正中央要装满大量商品。 此外，为了打造出流淌出来的效果，有时也将商品从切割的木桶及水桶、纸板箱里流出来般的状态展现给顾客。 不过记住在最前方一列要安装制动间隔板。

最适合陈列的是平台。 具体有从长方形类型的正里侧呈扇形向前流动的模式和从主动线的里侧角落开始向面前倾斜流动的模式两种。 如果是后者，则更具宽阔感。

此外，也可在墙面的陈列架上进行。 此时，要打造出商品越过货架前线，甚至流淌到了通道上的形象。 这是突出式陈列的应用。 一定不要使货架前方与通道相分隔，要做成两者一体流动的形象，如此一来也能提高位

171

于较远处的顾客的关注度。

另外，如果商品变少，就要缩短卖场的横向宽度，使之成为细长形。

展示"新进到货"的感觉
纸箱陈列

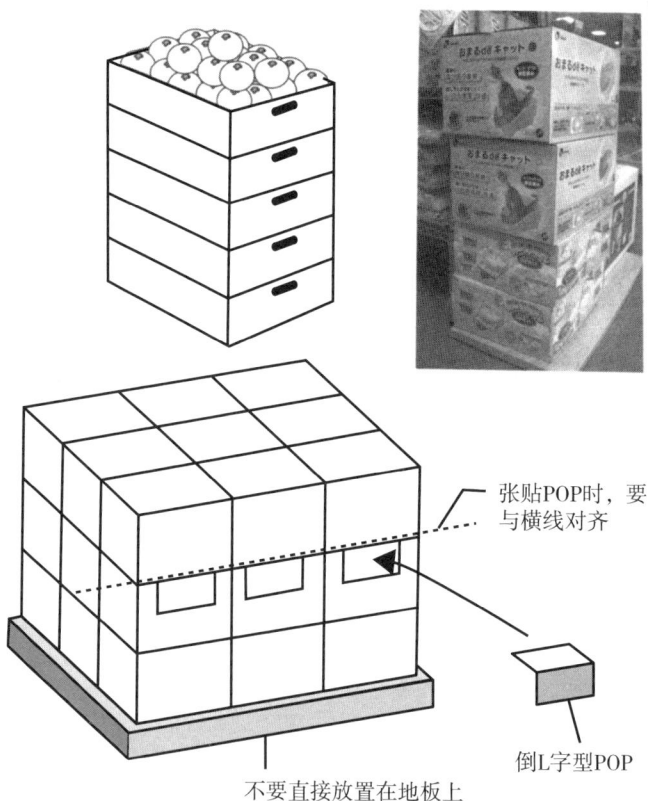

张贴POP时，要
与横线对齐

倒L字型POP

不要直接放置在地板上

图4-32　纸箱陈列

172

◈直接带箱陈列

这是将多个商品装入纸板箱、堆积在卖场进行销售的方法。 在蔬菜水果卖场里常会以这种方式进行陈列。

在最上方放置样品商品，但如果因纸板箱包装而看不到内部，则要拿掉纸板箱的上方部分使其内部可见，并用透明的塑料罩覆盖。 在纸板箱下方放入替代的块状物进行铺垫，以打造充足感。

此外，用照片将内部所装商品的信息（尺寸、容量、大概个数等）标明在 POP 上。

在鞋类卖场也可以见到纸箱陈列，不过在陈列时要统一箱子朝向，以使顾客一眼就容易知道鞋子尺码，且容易在面前浏览和拿取。 另外，尺码顺序也要从上到下逐渐变大，提前决定好陈列顺序。

如果商品销售出去，就要立刻从仓库进行补货。 也可以在 POP 背面等地方写好库存尺码数量及断货信息。

同割箱陈列一样，这里也要同 POP 成组来考虑卖场。 如果是小型 POP，就用倒 L 字型 POP 插在箱子之间，并且一定要统一为同一横线。 此外，如果是中型 POP，则将其竖立在箱子中。 此时，不能超出箱子的横向大小。 如果是为多个不同颜色的商品张贴 POP，则要放置在该群的正中央。

◈不要直接放置在地板上

虽然有时会将纸板箱直接放置在地面上，但是应该通过放置在带脚轮的小型推车、地垫、台子上等努力来传达爱惜商品的形象。 而且，箱子也是商品的一种包装，从卫生角度来看，也不应直接放置在地板上。

通过堆积展现充足感
堆积陈列

堆积高度的上限要限于黄金区域

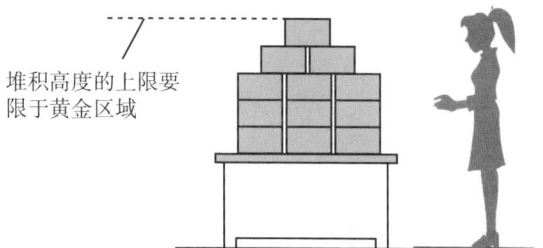

图 4 - 33　堆积陈列

◈充满魅力的陈列方法

堆积陈列，是将商品横向进行排列组合，并将其堆高的排列方法。 所谓"堆积"是指堆高的意思。

主要用于罐头等筒状及箱状物等具有稳定感的商品。虽然都是小商品，但通过堆积却可以演绎出体积膨大感。

由于其属充满魅力的陈列方法，即使从较远的地方也会吸引顾客的关注。 将商品作圈状排列，中间部分是空洞或替代品。 因此即使是少量商品，也可以打造出充足感。

在堆积时，要将商品正面面对顾客，并且不能将其堆积得高于顾客的黄金区域。 这样也会使商品便于拿取且不崩塌，保持陈列的稳定感。

此外，有些商品不能只是单纯从下方开始堆积。 这是由于商品容易崩塌的缘故。 此时，要像砌砖一样进行堆积，使其增强稳定感。 在卖场里，要在优先考虑稳定感的基础上，进行易浏览、易拿取的陈列。

◈陈列要进行修整

由于要将商品堆高，所以这种陈列不适于冷藏商品。 此外，如果商品售出，陈列就会变得不太美观，这是其缺点所在。 此时，要把商品从里侧部分汇集到面前，把陈列修整为具有充足感。

不过，这种陈列应在货架端头及专卖角展开。 而且要在地面上进行铺垫，不要进行从地面附近开始的陈

175

列。 如果从脚下开始制作，虽然确实可以打造充足感，但是由于有时顾客的手、膝盖及手持的篮子等会碰到而使其崩塌，故从安全方面而言也应该避开使用。

在卖场展现充足感
线状陈列

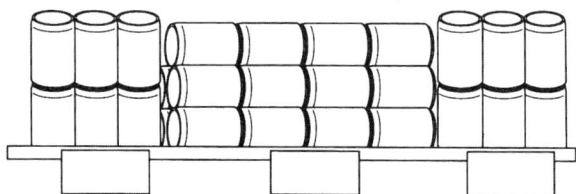

通过在纵向陈列横向插入陈列，
提高醒目度

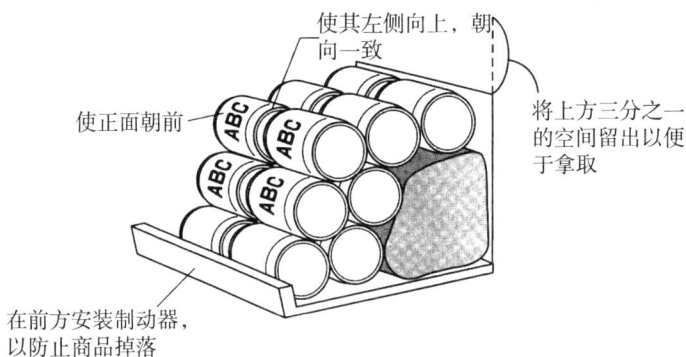

使其左侧向上，朝向一致

将上方三分之一的空间留出以便于拿取

使正面朝前

在前方安装制动器，以防止商品掉落

图 4-34　线状陈列

◈将筒状商品水平放置

一般而言，在陈列长形商品时要纵向展示其正面。然而该线状陈列是指将商品对齐水平线，将商品水平放倒进行陈列的方法。

由于是在通常的竖向陈列模式中插入横向陈列，醒目度会大大提升。 这也是适合筒状罐头及罐装饮料的陈列方法。

在陈列时，为了防止商品从最上方或中间掉落，一定要在前面安装制动的挡板。 如果可能，最好使用透明的东西以使顾客知道其前方有商品。

注意在陈列时，由于要让顾客拿取面前最上方的商品，在货架中，要留出部分空间以使手可以进入。 因此，要像盒式陈列一样，预留出总空间的三分之一。

该陈列的特征是展示出充足感。 因此要在货架下层部分放入铺垫的块状物打造立体感，就像有大量商品一样。

◈将左侧朝上

注意在陈列时，一定要将竖立时的包装上部朝左，使其一侧向一个方向对齐。 我们人类的视线是从左向右移动的。 因此，要将上部统一朝左，以使商品正面信息即使被水平放置也容易被识别。 例如，将萝卜和葱水平放置时，要使其上部叶片部分朝左进行对齐。 由于顾客会比较大小和鲜度等，因此要将商品从左侧进行统一陈

177

列，便于顾客的购买。

另外，即使商品水平放置，顾客也要读取其正面信息，因此此时要将商品的正面部分统一朝外。

有张有弛、提高醒目度
缝隙陈列

使货架有张有弛

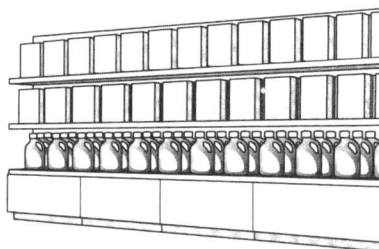

基础消耗品的
货架往往流于
单调

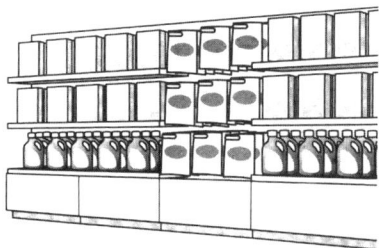

置换数列商品，
增加突出点

图 4 – 35 缝隙陈列

178

◆防止单调感

基础消耗品的货架陈列通常呈整齐状态，因此容易流于单调。 并且有时会埋没卖场想要销售的商品。

可以先将陈列架中的一部分货架板卸掉。 另外，对其进行变更使货架板的宽度与其他部分不同。 总而言之，在该变化处自上至下放入不同商品的方法就是缝隙陈列。

这是一种在单调的基础消耗品货架上赋予一部分变化，以提高醒目度的陈列方法。 此外，也可以称之为打造商品充足感的量感陈列。

最初是由于想进行端头陈列的商品有时因商品过多而放不进去，就设法在普通的货架部分下工夫。 而如今，这种陈列方式从一开始就被在货架部分有计划地展开。

◆使商品种类相同

缝隙陈列部分以产生差异为目的，因此既可以是割箱陈列，又可以是线状陈列，有时也会使用吊式陈列。

在缝隙陈列中，为了在卖场添加突出点，要采用与两侧不同的陈列方法，但商品应为关联商品及关联种类。 例如，在陈列瓶装水的货架上，用线状陈列放入罐装果汁等。

另外，作为 VMD 技巧的应用篇，有时也引入 PP，从而在其两侧陈列 PP 介绍过的商品。 如果有 5 个货架，就将正中央的一个货架作为缝隙陈列，并使其左右对称。

最大限度地活用卖场中的限制
柱型陈列

遇到墙面柱时

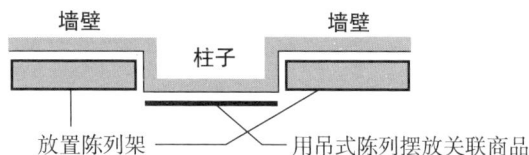

墙壁　　　　　　　墙壁

柱子

放置陈列架————　————用吊式陈列摆放关联商品

有效活用死角

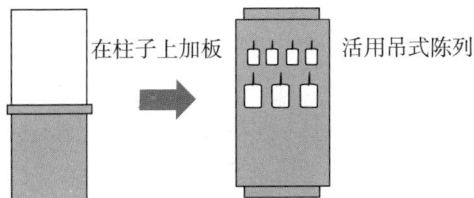

在柱子上加板　　活用吊式陈列

图 4 - 36　柱型陈列

◈使其具有缝隙陈列的作用

店内有时会矗立两种类型的柱子，一种是沿墙面突出的柱子，另一种是矗立在卖场中央的柱子。

通常情况下，卖场里的柱子会成为死角。 但也可以下点工夫，利用柱子的特征进行陈列。

壁面柱有时会阻断卖场陈列的连续性，因此要根据柱子厚度，考虑在其左右放入陈列架。 并在该柱子上加板，用吊式陈列摆放与左右货架相关联的商品。 如此一来，就可以产生与缝隙陈列相同的效果。

此外，做成 VMD 的 PP 展示也是一种方案。 在上方陈列商品展示，在其下方作为 IP 以吊式陈列进行商品陈列。

另外，如果是服装专柜，可以镶嵌镜子起到穿衣镜的作用。

◆作为展示角利用

其次，如果是矗立在卖场的柱子，则可以在柱子四周放置陈列架。

此外，也可以将四面柱围住，进行金字塔型的大量积压陈列。 进一步而言，通过在四面排列各厂家卖场，为顾客提供比较购买。 如果是圆柱形柱子，则可以制作围绕柱子的圆形陈列架。

提高特别希望顾客关注的商品醒目度
斜型陈列

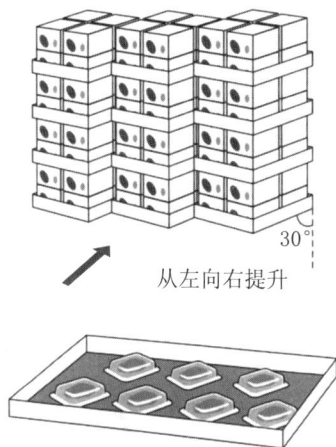

30°

从左向右提升

- 需要一定的空间
- 只用于特定商品
- 需要确认卖场是否没有散乱

图 4－37　斜型陈列

◈▶将商品倾斜陈列

将商品倾斜放置的陈列方法。

在很多卖场中，为了提高销售效率而使用长方形及正方形的四角陈列架，并使商品与其平行进行陈列。 这是因为顾客站立在货架前时，如果商品呈纵横排平行放置，顾客就不会感到压力，并且易于浏览和拿取。 在此之中，将特别希望顾客关注的商品及种类醒目地展示在顾客面前的就是斜型陈列。

虽然将商品倾斜于陈列台进行陈列，但角度不能太大。 30度左右为宜，商品统一从左向右提升，使顾客易用右手拿取商品。

由于这种陈列在卖场内醒目度较高，最适合诸如高价商品、新商品和推荐商品。 此外，陈列量少的商品以及非常畅销而库存变少的商品有时也进行倾斜陈列，这是为了有效利用空间。

◈▶需要一定空间

但是，斜型陈列需要一定的空间，因此适用于面积有富余的卖场。 另外，并不是只陈列一部分商品，而应将该卖场的同种商品统一用此方法进行陈列。

另外，为了提高该陈列方法的效果，不要在所有种类中进行，而只限于特定商品。

同时又需注意到，顾客将商品拿到手上再放回去，

183

有时会变得很凌乱，因此在高峰时间之前务必对卖场进行确认。

以彩色组提高醒目度
彩条陈列

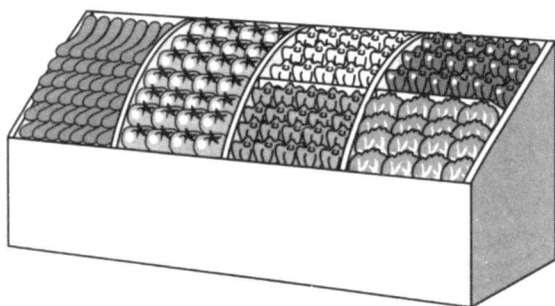

彩条陈列与日本的卖场

与美国的大量买进、大量保存相比，
日本是少量买进、适量保存

▼

周转率低，大量陈列会引起商品恶化

▼

最好采用条形以外的提高醒目度的策略，例如拼成动物脸的形状

图4－38 彩条陈列

◈利用商品颜色

通过活用商品自身所带颜色，在斜形陈列架的上下方向制造竖条纹的陈列方法。 要尽可能相搭配对比度强的颜色。 这样即使从稍远处的通道上也能看到，以提高顾客的关注度。

例如在蔬菜水果卖角，将辣椒粉和各色彩椒进行色彩展示。 此外，也可以用橙子、苹果、葡萄柚来进行橙、红、黄色的彩条展示。

但是不能使用横条纹。 这是因为如果采用纵式陈列，任何商品都一定会有一部分进入黄金区域，而横条纹不能达到此效果。

◈不适合日本

然而令人遗憾的是，这种陈列方法在大部分日本超市看不到。 但在美国的店铺视察中，这是专家一定会推荐的方法。 不过日本超市如果直接采用，可能会有不好的效果，理由大致有以下两点。

一是饮食习惯及饮食文化。 例如在宾馆里点果汁时，如果在日本，就会拿来浓缩果汁，而在美国，就会要鲜榨水果。 也就是说，美国有鲜榨果汁的需求。 由于成熟的水果最适合榨果汁，卖场中散发着熟透香气的水果在美国会最为畅销。 相反在日本，过分成熟的水果就会被做废弃处理。

185

另一个理由是，与日本的论个销售相对，美国是论克销售，属于自行选择大小及成熟度的按分量销售。 规格更是与日本差了一倍之多。

在不适合彩条陈列的日本，可以在水果卖场用水果拼出动物脸谱等其他方法打造出充满魅力的卖场陈列。如此一来，也能被讨厌蔬菜的儿童所喜欢。

组合多个关联商品进行提案
组合型陈列

标示组合时的总价格

标示商品和价格

同交叉销售的区别

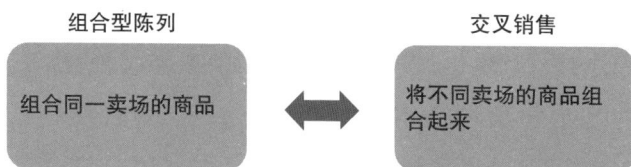

组合型陈列		交叉销售
组合同一卖场的商品	⟷	将不同卖场的商品组合起来

图 4 - 39　组合型陈列

◆服装、家电、家具等

组合型陈列，是组合多个关联商品的陈列方法。 这样可以打造卖场的一体化形象。 此外，由于这属于利用店铺空间进行的提案型信息传递，也可以给单调的卖场增加一些变化。 另外，可以在各主题中将不同商品集中起来进行陈列。

服装卖场用人体模型进行的组合提案是具有代表性的例子。 此外，也可以尝试家电卖场的音响专柜及家具卖场的室内装饰用品组合。 出售家具的 IKEA 就将组合型陈列做得很到位。

说到与交叉销售的区别，其中之一就是没有将广范围内的不同商品集中到一个卖场。 将灯及帐篷等野营用品放到一个卖角进行销售的就是交叉销售。

◆标示总价格

关于做成什么样的组合，需要事前制作销售计划，另外，陈列需要 VMD 技巧。

此外，在标示价格的 POP 上，则要逐个标明商品名称及价格一览表。 而且，在最后还要标示出总价格（总金额）。

如果是贵重商品，要标注几个组合各自的金额。 因为面对高价商品时，顾客会比较探讨其与预算的平衡，因此往往不会立刻决定购买。 除了组合的参考价格以外，也要标出不同组合及追加选择的价格。 如此一来就会成为比较购买。 另外，要利用 POP 使顾客了解高附加值贵重商品的内容，如果能够提高高附加值商品的购买件数，那么就能达到提高客单价的效果。

易于顾客进行商品比较
比较陈列

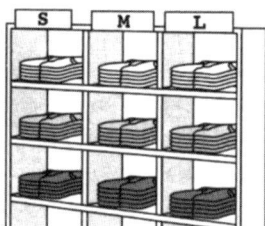

将牛仔裤等按尺码陈列

将家常菜等按重量和数量陈列

边缘回避性

松　竹　梅

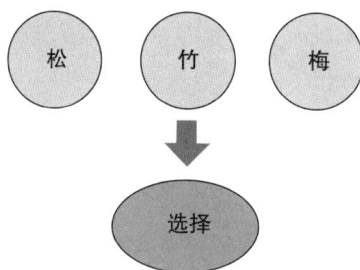

如果分为三个等级，顾客就会倾向于避开两端、选择正中央

选择

图4-40　比较陈列

◆使顾客易于选择

在卖场中表现商品差异和价格的就是比较陈列。　例

188

如，商品附加值的不同会产生价格上的差异。 另外，即使是同一种商品，由于包装容量和数量的不同，价格也会不同。 在卖场中，要设法进行让顾客一眼就能明了的陈列，通过这样来使购买金额和购买件数提高。

首先，有一种按价格带进行陈列的方法。 例如，如果是牛仔裤，就分为 5 000 日元、7 000 日元、10 000 日元等分别陈列，并张贴 POP 信息，使顾客了解商品的附加价值。

如果是家常菜，就分为 100 克、300 克、500 克等，使顾客了解商品的量感。

关于数量差异，要让顾客立刻就能知道一个包里装了多少个。 例如，将 5 个、10 个、15 个装的商品呈一横排放置。 并且在价格标示上也体现出差异。

◆ 顾客会避开"两端"

等级分类要尽量设置成 3 类。 如此一来，很多顾客就不会选择两端，而是选择正中间的商品。

在行为经济学(用心理学来分析行为的经济学。——编者注)中，有一种"边缘回避性"的理论。 也有一种较为感性的说法，叫"松竹梅效应"，这是寿司店最开始使用的。 首先，由于回避两端而选取中间，设置在"竹"位置的商品会最先被选择，因此"竹"就会变少。 此外，如果销售同一厂家的价格分别为 50 000 日元、35 000日元、20 000 日元的 3 种型号的数码相机时，中档价位的机型会占到销售额的 60% ，而高价机型占 20% 。但是如果只有中、下两种价位选择时，销售额就会下降一半。

根据时间段更换商品
时间段陈列

根据时间段更换人体模型展示

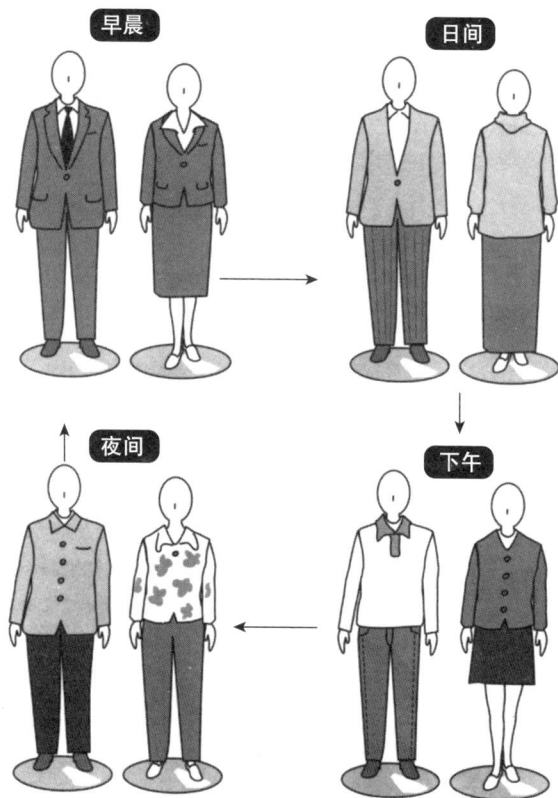

图 4 – 41　时间段陈列

◈进行调查

时间段陈列，却根据每个时间段的顾客更换陈列的方法。

如果是住宅区附近车站的商店，早上会有上班的公司职员。 上午到下午，住在附近的主妇和中年人会来购物。 此外，从下午到傍晚主妇与学生、从傍晚到夜间工作归来的 OL 会分别成为相应的顾客群。 深夜，更有末班车前的公司员工及年轻人会光顾。

首先，要在商店门前进行店前通行量调查。 然后对各时间段的顾客来店人数，例如主妇及学生、公司职员及 OL 层进行数据统计。

如果是服装店，也要对顾客所穿服装进行核对。 还要确认顾客所持的是哪个商场的塑料袋。 如果并非本商场的塑料袋，那么其商品构成也会成为参考。 这是由于该商品是本商场没有的商品。

从调查中可以知道各顾客层都有其高峰时间。 我们不可能更换商店里的所有商品。 但是只要更换店头及重点角落陈列的商品，就可以在商店的氛围上产生变化。

◈改变接待客人的方式

对于有的年龄层除了要注重卖场陈列以外，还要寻求接待客人方式的改变。 如果是高龄层，那么诸如使通道宽度广阔、准备椅子等也是应该考虑到的事项。

此外，要在陈列架上安装带制动器的脚轮等，以便于布局方式的改变。

例如，如果中午时很多顾客购买便当外卖，结果引

191

起混乱，那么就将收银台与便当卖场直接连接起来，使顾客可以迅速支付。

享受寻找并发现商品的过程
压缩陈列

压缩陈列的特征

1.	压倒性的量感
2.	寻找并发现商品的娱乐性
3.	节约库存空间

压缩陈列的基本

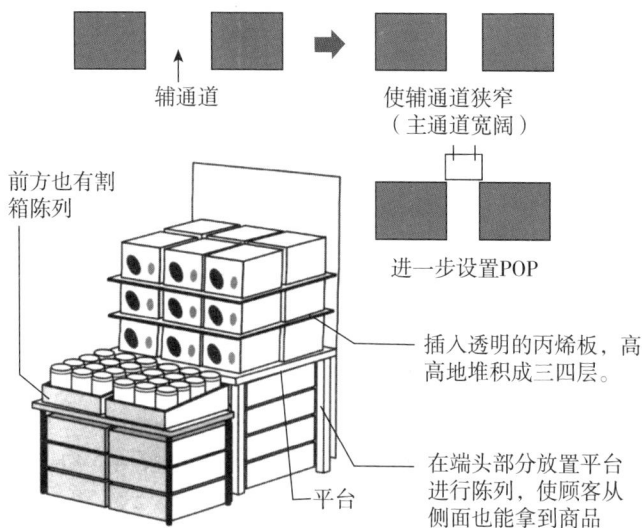

辅通道

使辅通道狭窄
（主通道宽阔）

进一步设置POP

前方也有割箱陈列

插入透明的丙烯板，高高地堆积成三四层。

在端头部分放置平台进行陈列，使顾客从侧面也能拿到商品

平台

图4-42　压缩陈列

◆在狭窄的空间里大量陈列

压缩陈列，也被称为"热带雨林陈列"或"抛售陈列"。 为了提高该陈列技巧，有些公司内部也会进行陈列比赛。

该陈列的特征是，在店内通道上，将商品堆积到货架上，并且高高地堆积到墙壁及天花板附近，是一种三维立体陈列。 1 ㎡左右大约可以堆积30个商品之多。

如果使用压缩陈列，就会有压倒性的充足感，在顾客看来就好像有更多的商品。 另外，通过店内化为商品的密林来展现顾客从丰富的商品种类中寻找、发现并挑选意外的杂货商品的趣味、乐趣等娱乐性。

也就是说，这种陈列的目的不是让顾客容易看见商品和拿取商品，而是享受寻找并发现商品的过程。

对商店而言，这种方法更有可以节省库存空间的优点。

此外，在黄金区域陈列推荐商品，并减少一个商品正面，大量商品会在一瞬间进入视野。 从某种意义上说，是与"易懂、易浏览"正相反的陈列方法。

◆进行细密的展示

商品的特征需要用 POP 补足，因此要有制作 POP 的专门员工在卖场负责人的指示下制作 POP。 这样，在全国的任何一家连锁店铺都可以进行有统一感的 POP

193

展示。

　　但不是所有的商品都适合压缩陈列。　商品构成中有 40% 是因数量和期限限制而需更换的广告商品。　这些商品要通过陈列的变化及店内布局的变更来进行销售。　另外，通过商品密林的新鲜感打造顾客任何时候来都不会厌倦的店铺。

第 5 章

最大限度地利用 POP 来取悦顾客吧

POP 的作用及重要性

- POP = Point Of Purchase （Advertising）

图 5－1　POP

◆POP 的诸多种类

POP 是 Point Of Purchase(Advertising)的缩写。 并被翻译为卖点促销物、卖点广告。

近年来，随着在郊区大型商业设施的开张和低成本操作的进展，店铺面积的平均从业人员数量有减少的趋势，因此通过 POP 传递信息的重要性正前所未有地被重新认识。

但是，我们可以看到很多卖场只使用了标示价格的商品标价牌及说明商品的展示卡这两种 POP。 这是非常令人遗憾的。 从广义概念上而言，店内所有具有诱导促销作用的说明都应该被制作成 POP。 此外，POP 种类也是非常之多的。

◆POP 是传达"商品价值"的东西

正如 POP 被喻为"沉默的促销员"一样，它对商店而言承担着重要的作用。 如果加以充分利用，POP 就会变为可以区别于其他商店的一把利器。

另外，POP 必须是帮助顾客购买的东西，要代表商店将店铺理念和商品特色进行简洁易懂地传达。

如果只在店内出示商品标价卡 POP，该店的卖场就会变为只销售"价格"的所在。 因此必须写明顾客在该店购买该商品的价值。

最近也有在使用印有"店长推荐商品"的 POP，但无论在卖场贴多少这样的 POP，也不能期待有太好的效果。 这是因为，这种 POP 中店长要推荐该商品的哪些地方、对顾客而言有什么样的购买理由这些内容并不明确。 因此应该将店长的使用感觉写入其中。

POP 的种类①

店铺指南

楼层　指南				
		电梯		
DVD	CD		生活用品	
游戏	收录音机	电脑	内衣	
TV	录音机			
	收银台		婴儿服	玩具

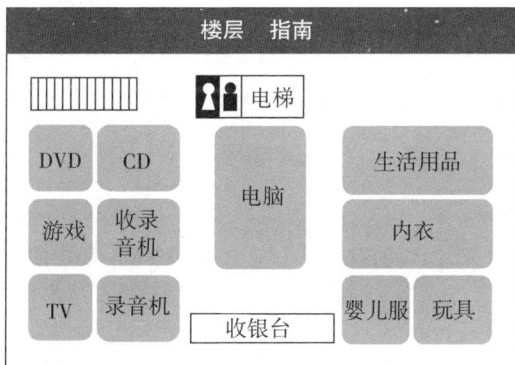

● 一定要是从现在所处位置可以看懂的店铺指南图
● 不要将同样的东西贴在店内的任何场所
● 不要使用位置难懂的图

店铺理念

来自店长○○的问候

● 如果所有的商店都是相同的"来自店长的信息"，将会起到反作用
● 将同样内容的缩小版也悬挂在写有名字的胸牌下

图 5 - 2　POP 种类①

在此，将就各种各样的 POP 种类进行解说。

（1）店铺指南

明白现在在店铺内所处位置以及从店铺整体上方进行的鸟瞰图。 使顾客了解卖场、楼层详细图、卫生间及接待处等为顾客提供便利的各种设备。 这些要标示得让初次来店的顾客也能够一目了然。

（2）店铺理念

写有该店销售方针等面向顾客信息的 POP。 在店长和从业员工的照片上写入信息是必需的，如果再将其取得的技术及资格写入就更会产生亲切感。

（3）海报

海报分为厂家提供的图片海报和商店制作的手绘海报。

张贴在墙壁上时，要使用边框。 通过利用边框，边框中的信息醒目度就会提升，可以使顾客容易看到。

尤其是很多海报要长期张贴。 因此要确认好张贴期限。

另外，如果与电视广告内容互动，也可以促进购买。 这也可以使店铺气氛变得热闹。

（4）广告单

将报纸广告及活动指南传单张贴在店铺入口处。

除此之外，广告单在展示中也作为卖场装饰品而被使用。 将多张海报等间距纵横对齐张贴在店前入口处的玻璃板、墙壁以及卖场通道的天花板上，将其作为商店内的热销物品展示平台。

此外，要在包装台上方张贴传单，并放在圆形的透明塑料盒中以便拿取。

POP 的种类②

（5）顶板

放置在陈列架上部或墙面最上层、从上方悬挂下来的大型板状 POP。 常使用于商品宣传及卖场标示、特卖专柜等的说明。

（6）顶棚

悬挂在天花板上的 POP。 有时也用同形状的巨大商品模型来突出卖场及商品。

（7）摇摆标签

在商品架上摆动的摇摆 POP。 是一种脖颈部分从陈列架上呈细长状下垂的类型。 在两面上描写同样的信息，通过旋转而引起顾客的关注。

但是需要注意 POP 的安装位置，以使顾客从货架上取出商品时不会与其相撞。

安装位置要对齐成一横排。 如果上下杂乱，卖场就会看起来很混乱，导致破坏卖场。 因此，一定要统一平行进行安装。

此外，也有以干电池和太阳能驱动的闪烁型 POP。

顶棚

顶板

3D电视专柜

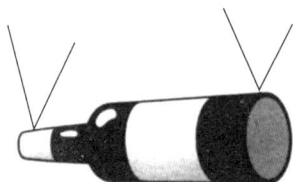

● 容易堆积灰尘所以要注意清扫

● 在正反两两面写上同样的内容使顾客从背面也可以看得到

太阳能式POP

清晨专用

流畅

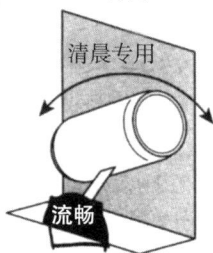

摇摆标签·插牌

插牌

无糖咖啡

电视CM中

摇摆标签

● 使商品不被POP遮盖

图5－3　POP种类②

（8）插牌

被安装在陈列架货架板部分的、与通道相垂直的小型牌子。

一看就知道是宣传卖场中希望让顾客注目的商品。

200

如果陈列架上有货架板，就垂直安装。

此外，同摇摆标签一样，要将安装位置在平行线上对齐。

POP 的种类③

（9）种类板

一种纵向标示微型板，使顾客一眼就能知道是哪一商品种类的货架。 即使在宽阔的卖场里也将各个货架进行分隔，如此一来，商品种类就变得一目了然。

（10）桌布

作为陈列架下方的腰封 POP 而被使用，有突出该货架自身的效果。

将其卷绕以遮盖陈列架下方部分，使布围住陈列架。 遮盖时用双面胶及夹子固定。 此外，将其粘在货架的下方部分及立脚部分，并调配宽度尺寸使其遮盖住整个货架。

一定要使用与该陈列架有关联性的布。 例如，如果是正月用品节日菜肴，则可以考虑红白布。 如果是意大利面专柜，则使用绿、白、红的意大利国旗色布来引发顾客的冲动购买。

如果是厂家准备的布，则一定要在货架上陈列该商品，如果货架上的商品作了更改，也要将该布取下。 布同货架商品一定要联动。

201

种类板

● 将高度对齐成一条横线，使POP出现在黄金区域

桌布、地板布

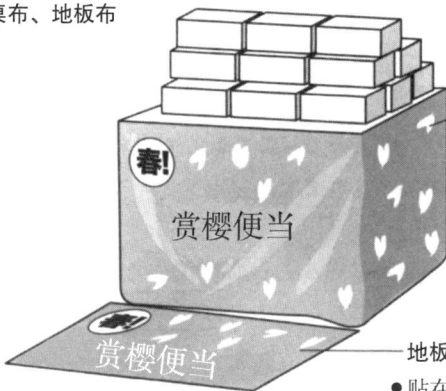

桌布
● 缠绕起来使其覆盖
● 使其与商品连动

地板布
● 贴在陈列架前的地板上

! 如果只用胶带粘贴则容易脱落，因此一定要用地板专用粘合加工布进行粘贴

图 5 - 4 　 POP 种类③

（11）地板布

以宣传陈列架上的商品为目的，铺在货架前方通道的地板上。 有时会在与商品包装内容相同、颜色同类的布上添加引人注目的广告词。

我们在步行时，为了进行脚下的安全确认，自然会稍微展望一下前方。 如果通道上铺有地板布，醒目率就会上升，因此非常有效。

此外，如果是店铺面积较大的商店，为了将顾客引导至各个卖场，地板布也被用于在通道面上铺设出粗线进行引导。

POP 的种类④

商品价签

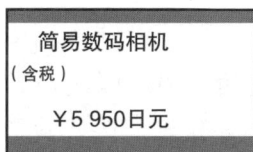

展示卡

单页印刷宣传品

图 5 - 5　POP 的种类④

203

（12）商品价签

同商品一起展示、标有商品名称及售价的卡片。 通常情况下，要粘贴在各个单品上。 在销售商品方面提供最低限度的信息。

此外，最新的卖场也在采用数码价签，这是与 POS 管理（Point Of Sales System）相呼应的。 POS 被译为"购买时间管理系统"。

店铺里销售商品时，用计算机记录销售额信息。 该统计结果可以为库存管理和市场数据提供参考。 降价销售等价格的变动，也可以通过数码系统即时进行对应。

（13）展示卡

在商品价签上写入商品特征、质量、容量、尺寸及照片等信息的大型卡片。

通常意义上的 POP 指的就是这种展示卡。

大型商店在不断增加，展示作为信息传递工具，其作用变得更加重要。

要注意在尺寸和放置方法上贯彻规则化。 因为作为 POP 来说，展示卡的尺寸很大，如果没有统一感，将会成为破坏卖场形象的第一大要因。

（14）单页印刷宣传品

写有商品说明、注意事项及使用方法的东西，被应用于新商品及该商品的使用提案等。

这种单页印刷品基本上是放置在卖场，让顾客自行取阅的。

此外，它有时也会与顶板的说明和电视解说等相连动。

有时更会将料理的烹调方法、从种子及幼苗开始的培育方法等说明书陈列在专用的大型柜子上。

POP 的有无及范畴

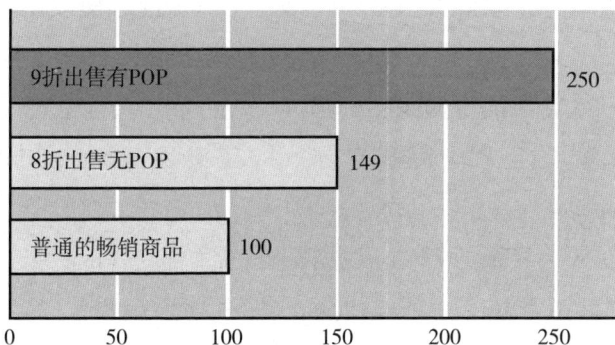

9折出售有POP　250
8折出售无POP　149
普通的畅销商品　100

0　50　100　150　200　250

使用POP时销售数量的增长

- 新商品
- 推荐商品
- 广告商品（划算、流行、大众媒体介绍）
- 应季商品
- 需要说明的商品（特征、多功能、提案、比较）
- 即将到期的商品（保质期、有效期）

应该张贴 POP 的商品种类

图 5−6　POP 的重要性

◈POP 是"购买经纪人"

卖场里 POP 的有无，确实会对销售额产生影响。 某项 POP 调查数据显示，没有 POP 时，即使 8 折出售，销售额也没有上升，商品的优点最终也没有被顾客了解。

另一方面，有 POP 时，即使 9 折出售也可以达到平常 2 倍以上的销售额。 也就是说，不仅是价格，POP 信息也使顾客了解到商品价值。

如果善于使用，POP 会成为卖场的"良药"。 但是，如果 POP 放置得很散乱，不仅不能传递商品的优点，还会成为需要谨慎处理的"烈性药"，甚至很有可能扼杀卖场。 POP 就是这样一种在卖场表现上如此重要的项目。

此外，大部分日本人属腼腆的性格，有避免主动和店员说话的倾向。 而从业人员也为避强行推销之嫌，有时不会主动接待客人。

因此，POP 必须成为帮助顾客购买的"购买经纪人"，同时也可以进行新价值的提案。

◈张贴在什么地方

在卖场里，将 POP 张贴在哪一商品上，是非常重要的工作。 商品价签已经贴在所有的商品上，那么 POP 应该贴在何处呢？ 因此必须对张贴的商品及不张贴的商品进行判断。

首先要确定张贴 POP 的种类，不要胡乱地进行张贴，而要从商品整体考虑 POP 的种类，探讨是否张贴。例如，在新商品、比较划算的商品及流行商品、大众媒体介绍的商品和广告商品上一定要张贴。 此外，在应季商品和需要说明的商品上也要张贴。 同时，在保质期及有效期迫近的商品上，要贴上不同颜色的 POP，做到差别化。

POP 的设置场所

心理流程	Attention A 注目	Interest I 兴趣	Desire D 需求	Memory M 记忆	Action A 行动
距离	4～10m 以上 入口	2～4m 主动线	1～2m 货架前	45cm～1m 货架、商品前	45cm 以内 商品
重要程度	陈列的力量			待客的力量	
VMD	◆VP 视觉艺术	◆PP 要点提示	◆IP 项目介绍		
POP	(1) 店铺指南 (2) 店铺理念 (3) 海报 (4) 广告单	(5) 顶板 (6) 顶棚	(7) 摇摆标签 (8) 插牌 (9) 种类板 (10) 桌布 (11) 地板布	(12) 商品价签 (13) 展示卡 (14) 单页印刷 宣传品	
待客要点	"欢迎光临" 要让顾客意识到并看得到	使顾客走近 制订打招呼的体制	开始待客 让顾客拿到手上	商品说明 让顾客比较和创造	结账、确认购买满足度售后跟踪服务

图5-7 POP 设置场所

将 POP 使用在何处会更有效果？ 这里有一个表现从顾客来店到其购买商品整个过程的 AIDMA 定律。

AIDMA 取自各单词的英文首字母。

"注意"（Attention）

在店铺入口处，使顾客了解店铺理念，标注各卖场的位置。 设置"店铺指南"、"店铺理念"、"海报"、"广告单"等各种 POP。

"兴趣"（Interest）

其次，要引起顾客兴致并使其走近卖场。 在远处也能看到的"顶板"及"顶棚"很有效。

"需求"（Desire）

之后，将顾客引导至商品的陈列架前，使其可以将商品拿到手上观察。 为了进行引导的作用，"摇摆标签"、"插牌"、"种类板"、"桌布"、"地板布"会非常有效。

"记忆"（Memory）

如果对该商品产生了需求，就会进行与以往记忆的确认作业，对照过去的购买经验和商品信息来判断是否购买。 此时，顾客最先用"商品价签"、"展示卡"，之后用"单页印刷宣传品"进行确认。

"行动"（Action）

最后进展到购买阶段。 此外，在收银台和包装台的信息传递也很重要。 也可以使用会员卡、商品保证等促使顾客再次光顾的策略。

208

如上所述，在价格和功能确认之前，要经历好几个阶段。 如果商店和卖场都不能令顾客满意，那么顾客连商品的陈列架前都不会去。

POP 的安装方法①

一件商品使用一张POP

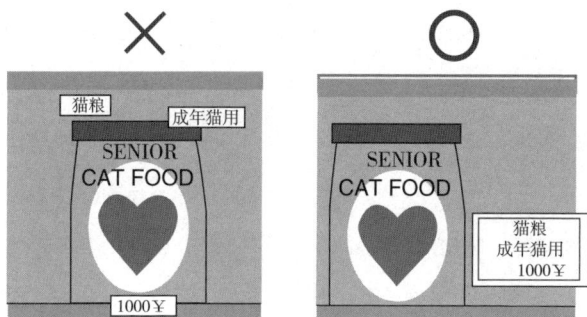

不要遮挡商品

图 5-8　POP 的安装方法①

209

即使 POP 做得很好，如果安装方法或标注方法错误，也会导致商品魅力大打折扣。

一件商品使用一张 POP

如果在一件商品上张贴多张 POP，顾客的视线就会跳动于各 POP 之间，可能会引发顾客不满，所以一件商品上只需贴一张 POP。

在推销中，有时要使用写有引人注目的广告语的 POP。 此时，应该使用大型展示卡。 另外，在 POP 上部和下部的规定位置写入引人注目的广告语。 然后将各商品的信息写在其余的空间上，这样就制作成了一张 POP。

不要遮挡商品

有时候如果商品与 POP 的大小失衡，商品就会被遮盖，这是由于 POP 太大了。

假设顾客从前面浏览，店员一定要确认 POP 是否遮挡了商品。 POP 无论如何都是配角，商品才是卖场的主角，POP 要成为衬托红花的绿叶。

不要用胶带和图钉贴钉在商品上

我们经常会在服装店及百货商店看到将商品价签用大头针别在服装胸前口袋上的情况。

这是很奇怪的。 即使是作为展示的样品不销售，那也是为了让顾客观看而陈列的重要商品。 用胶带或图钉固定 POP 的行为，无异于伤害商品。

不要将 POP 直接贴在商品上，而应该利用专用的台子等。

POP 的安装方法②

小型POP放在商品下方

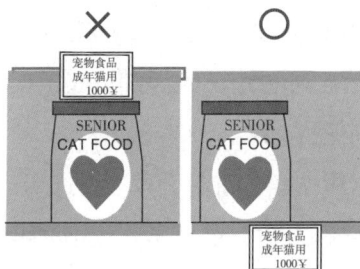

大型POP放在商品上方

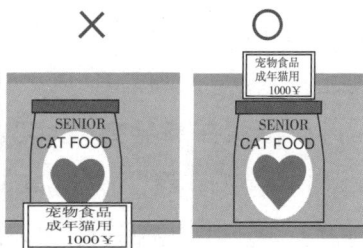

在商品旁边时要设置在右侧

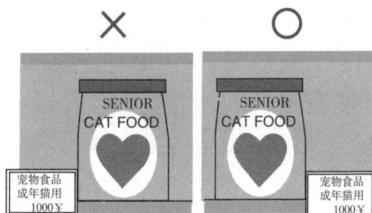

不要倾斜粘贴，要贴在与货架平行的位置

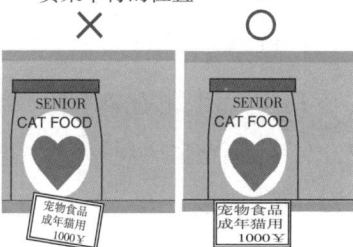

醒目语放在左上角

图 5-9 POP 的安装方法②

211

小型 POP 放在商品下方，大型 POP 则放在上方

安装位置的基本，是将小型 POP 设置在商品下方，使商品不被遮挡。

大尺寸的 POP（如展示卡）要放在商品的上方。 如果将大型 POP 设置在下方，商品有时会被遮挡。 通过将其设置在上方来便于顾客的浏览。

此外，POP 左右侧的基本放置方法是放在商品中轴线上。 这样，商品和 POP 就能同时进入顾客的视野。

如设置在商品旁边时要放在右侧

作为应用篇，说到将 POP 放在商品的左侧还是右侧，实际上放在哪一侧的情况都有。 我们人类的视线动向，是由左向右。 因此，要让顾客首先看清商品整体，然后再浏览 POP 信息。

商品是绝对的主角。 此时，要将在卖场和货架上的所有 POP 都张贴在右侧。 如果有一部分地方错放在中央或左侧，顾客的视线就会在每个 POP 上左右跳动，容易引发不满情绪。

不要倾斜粘贴，要设置在与货架平行的位置

此外，POP 不能歪斜或滑动。 一定要安装在与陈列架相平行的位置上。 在顾客看来，如果存在不平行的 POP，就会感觉散漫且不自然。

唯一可以倾斜放置的 POP，是写有"新商品"等醒目字样的 POP。 这是故意使其倾斜从而使顾客感到只有一部分不自然，起到引人关注的效果。 此时，需要将这

212

样的 POP 等间隔地调整到同一高度的倾斜角，使其产生整体的统一感。

POP 的清洁

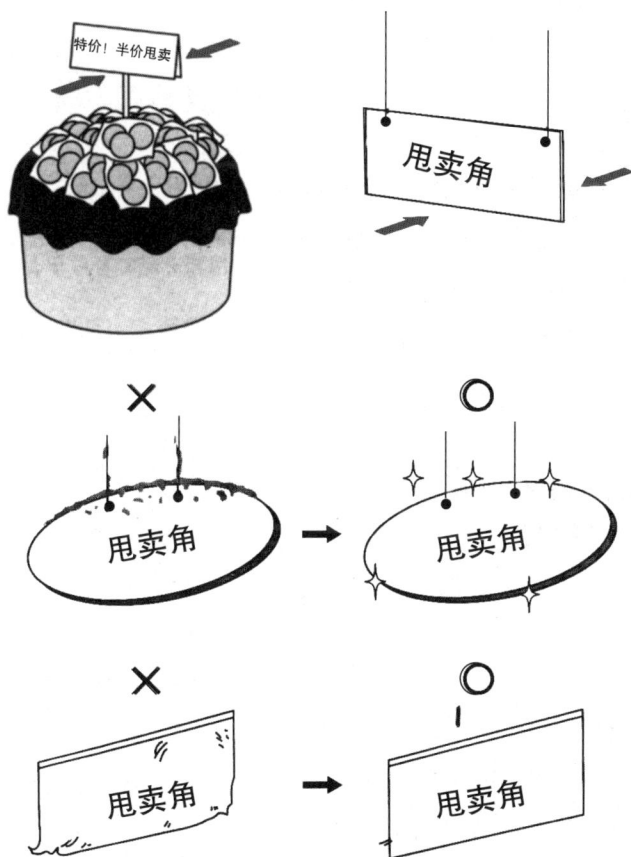

图 5－10　POP 的清洁

在垂直放置的 POP 背面也进行同样的标示

在提高顾客在店内的回游性，使其遍览商品方面，POP 也是必不可缺的。

因此，顾客有时也会从店里到店头走动一圈又回来。为了使顾客在通路走动时能随时看到 POP，在 POP 的背面也要标示上同样的内容。

另外，在通道上放置小型手推车等陈列架时，也要在背面标示同样的 POP。否则顾客从背面看就得不到任何信息，信息的传递就会大打折扣。

清除尘土和污渍，维持最佳状态

在店铺手册中，即使写有打扫地板，有时也不会细致到确认 POP 上的尘土和污渍。

一定要用掸子清除货架上的尘土，不仅是货架，连 POP 上的尘土也要一起清除掉。

然后，把自己当作顾客在卖场中走动，确认卖场是否为整洁干净的最佳状态。

定期更新

大部分 POP 都是四角形类型。因此，顾客将商品拿到手上时，经常会碰到 POP 的边边角角使其折断。另外，标注商品类别等的招牌型等，往往会长时间被放置在卖场。

此时，POP 的破损概率也会增加，常常见到残破不堪的 POP 被一直放在卖场中。

即使商品的库存数和销售期限的确认做得再好，如果 POP 的外形很脏，也会拖卖场后腿。因此一定要定期更新。 要记住 POP 也是有 "鲜度" 的。

POP 专用工具种类

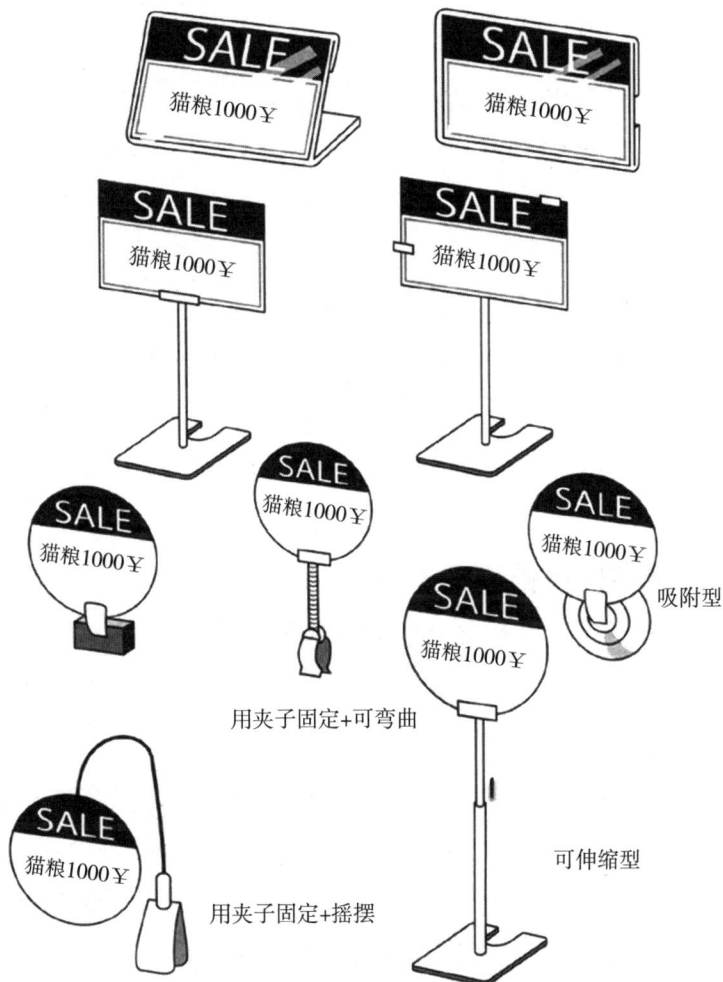

吸附型

用夹子固定+可弯曲

可伸缩型

用夹子固定+摇摆

图 5-11 POP 专用工具种类

215

◈活用 POP 的专用工具

在卖场有时会看到用胶带贴在墙上的海报等 POP，而且墙还残留着以前粘贴的胶带痕迹，由于长期粘贴，胶带有时还已经泛黄。 为了避免这种状况的出现，要活用 POP 的各种专用安装工具。

关于 POP 的固定方法，过去我们可以在卖场看到很多进行支撑的辅助工具及在货架前嵌入的类型。 而现在常会使用从上方悬挂的方法，此外，陈列架的设置面放置在下方的类型也在增加，长基座、磁石及夹子、吸附挂钩、纸夹等各种 POP 专用安装工具层出不穷。

此外，POP 的设置不再仅限于货架，在柱子和墙壁上也可以被使用。 更有连接 POP 和设置面的杆子可以调节长度或做曲线运动的类型。

◈可以轻松获得

由于近来 POP 的重要性开始被重新认识，以前只有相关专卖店才有的 POP 类及安装工具，现在在家装超市也可以买到。

此外，即使附近没有这种商店，通过网上购物也可以轻松买到。 例如爱速客乐官网（日本知名办公用品销售企业）和专门经营店铺陈列架及相关用品的系列精品网络商店。 此外还有很多专卖店。

也许暂时还没有订购 POP 类备品的需求。 但是，在

做活动企划时可以考虑符合主题的工具，或是调整店铺
布局时参考一下陈列架。 可以先让对方寄来商品目录并
查阅好。

制订 POP 规则

笔记文具	记号笔（最粗、中粗、细）
规定用纸	白、黄、黑
形状	长方形（竖型、水平型）
大小	大（板等）、中（展示卡等）、小（商品标价卡等）
颜色使用	红色与黄色、黑色与白色（纸）、红色与黑色与白色（纸）
表现方式	照片、插图、标题、共同的销售评价
字体	POP 字体、粗体、宋体
文字粗细	大字、中字、小字
线条粗细	粗线、中粗线、细线
场所	天花板上、货架上方、黄金区域上、货架下方
其他	张贴方法、工具的有无

图 5-12　应该统一的项目

◈制定规则

制作 POP 时，要制定好各卖场及各货架、各张贴商

217

品种类的大小及色彩等统一的规则，这是为了 POP 的易看、易懂和美观。

写在笔记本上做成手册。 最好将基本的思考方法和制作流程用大字写在纸上，并贴在 POP 的制作桌前，就不用一一浏览笔记了。

◈集中放好工具和规则手册

另外，一定要将规则手册和用于 POP 的笔记文具及规定用纸等集中放好。

制作好的 POP，要按照规则进行张贴。 张贴规范的 POP 将商品信息正确地传递给顾客，成为商店的重要伙伴。

但是，我们也可以看到很多商店没有统一规则，使用碰巧在身边的钢笔和纸、杂乱无章地张贴着各种大小和颜色的 POP。 如此一来，反而会使卖场惨不忍睹，降低了卖场的素质。 因此，并不是只要做出了 POP 就可以了。

但是，如果将 POP 专用的工具类与规则手册集中放好，就不会出现这样的情况。

例如，在饮食店里切碎食材的菜刀类，应该按用途备齐并进行统一管理，在同一地方陈列好以便于使用。

制作 POP 的工具类也是一样的，应该将其作为商店的重要工具，妥善地进行管理和操作，以便任何时候都能快捷地取出。

POP 的基本模式

基本模式的思考方法

	特价商品	高档商品、附加值商品
要点	价格标识最大	引人注目的广告语
纸张颜色	黄色	白色和黑色
文字颜色	红色、黑色	黑色、反白、金色、银色
字体	圆形字体	粗体、宋体
书写	手绘	电脑

价格标注的注意事项

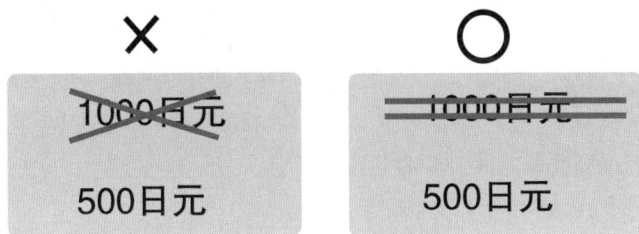

× 1000日元 ~~~~ 500日元

○ 1000日元 ~~~~ 500日元

如果使用"叉号"，会给顾客消极印象

图 5 - 13　POP 的基本模式

◆POP 基本模式的思考方法

　　首先，顾客的视线基本上是最先浏览 POP 的中心部分。 其次，视线的动向会由左向右。 原因是右脑主管图像，直接连接左眼。 因此，人类视觉的瞬间识别被认为是从左侧的物体开始的。 也就是说，图片和照片等图像要放在左侧，然后将希望顾客阅读的评论及价格等文字信息配置在右侧。

另外，在价格标示中，抹掉原来价格写上降价后的价格时，要使用双划线或粗线，不要使用"×"标记。因为这会让顾客留下对该商品的价值本身也加上"叉号"的消极印象。

◈明确区别特价商品与高档商品

此外，特价商品及高档商品、高附加值商品的POP，要明确做到差别化。 例如，我们假设卖场里并列着解冻的低价金枪鱼瘦肉与高级生金枪鱼肥肉。 此时，如果使用同样类型的POP，就不能体现差别化。 因此要制作两种类型的POP，使顾客一眼就能明白其差别所在。

如果是特价商品，价格将会是其最大的特征所在。如果是高档商品和高附加值商品，就要在广告语上下工夫。 这些是为了让顾客了解商品的特征。

纸张也要使用不同的颜色。 例如，如果特价商品的PP是黄色，高档商品、高附加值商品就应使用白色和黑色。

此外，如果是特价商品，文字颜色也会以冲击力强的红色为基本色调，有时也会使用黑色。 如果是高档商品和高附加值商品，则以黑色为基本色调，再配以反白、金色或银色，这是为了演绎出高档感。 关于字体，如果前者是圆形字体，则后者以粗体为主，文章用宋体来写。

吸取手绘和电脑制作的长处

手绘与电脑制作的特征

	手绘	电脑制作
诉求要点	价格与感性的诉求 低价诉求	价格与功能的诉求 （诉求高档感）
版面设计	有个性的版面设计 （创意）	整齐的版面设计 （保存、改版、可复制多张）
视觉	插图	图片、照片
印象	使人感到温暖 （有时会让人难以理解）	容易浏览 （有时也可能是冷冰冰的汉字）

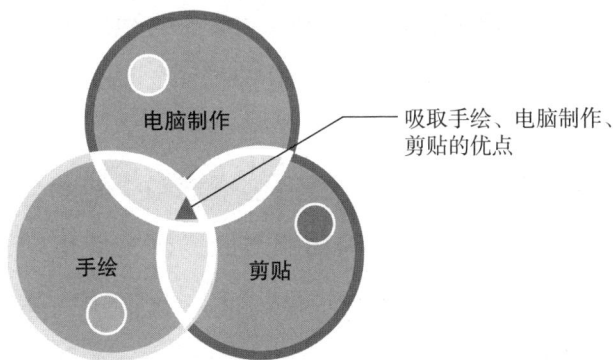

吸取手绘、电脑制作、剪贴的优点

电脑制作

手绘　剪贴

图 5-14　手绘与电脑制作的特征

221

◈手绘与电脑制作的特征

制作 POP 时，手绘与电脑制作有各自的特征和不足。 例如，手绘的最大特征是洋溢着个性的版面设计，也反映出制作者的个人风格。 而如果使用电脑，则可以制作出漂亮整齐的版面设计。

然而，使用手绘可以进行丰富的个性表达，但有时也会看到自我感觉良好实则不知所谓的 POP 情况。 另外，用电脑制作时，版面设计整整齐齐，但枯燥无味且没有人的情感，使人感觉冷冰冰，这也是不能否定的。

这些缺点部分，可以说是用手绘和电脑两种方法分别制作 POP 的商店一定会遇到的问题。 在召开 POP 制作研讨会时，常常会出现类似的疑问。

◈取其长处

最合适的解决方法，是最大限度地利用 POP 展示的优点。 这里有一种把手绘与电脑制作二者优点结合起来的方法。

具体而言，就是如果要表达感觉和个性的简短评论就用手绘，而强调性能和功能方面，需要使用较长的文字说明时，为了营造客观性的感觉，应使用电脑制作的宋体文字。

进一步地，由于将照片和图表等图像资料输入电脑

222

较为繁琐，为了简化工序，可以活用厂家准备的传单及小册子之类。 事先征得营业方许可，对印刷在小册子类上的照片及图表剪贴在 POP 中的醒目位置。

有时黑色系反而更引人注目

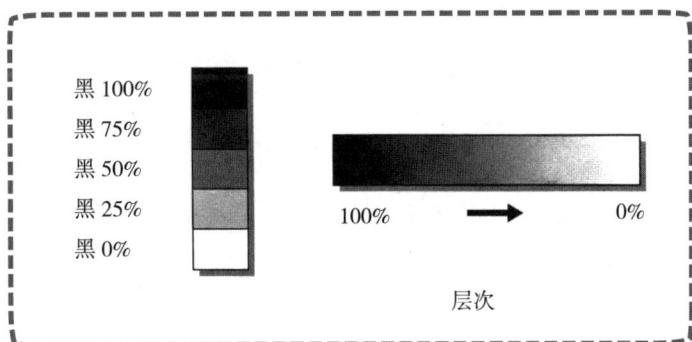

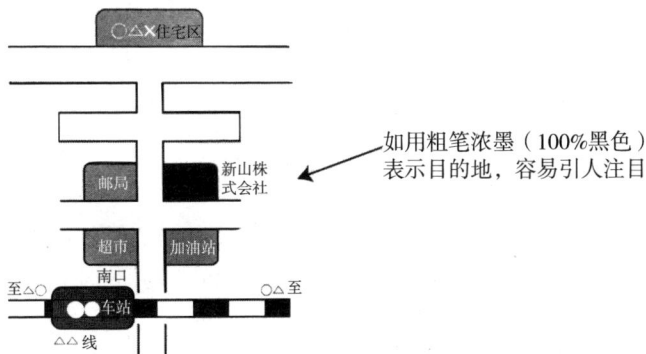

图 5－15　引人注目的黑色

◈黑色在彩色中反而引人注目

通过使用色彩明亮度规则，各种层次的黑色（在印刷界，一般不叫黑色，而是称为墨色）也可以像彩色一样进行表达。 也就是说，通过变化黑色调的比例，使其看起来像有很多颜色。 将100%、75%、50%、25%的黑色及以线条圈围的白色改变几个明亮度并进行组合。

即使色彩使用到了彩色的全盛时代，工作用的复印机主流仍为单色。 制作单页印刷宣传品和店内张贴的多张POP时，也可以用单色复印，从而得到经济而快捷的解决。

此外，报纸插页传单多为彩色印刷。 因此，由于与其相反只用黑色印刷在彩纸上，在彩色中反而变得引人注目。

黑色系传单被认为比较省钱且属于紧急放入。 由于只标示了商品名称和价格，而进一步给人低价感。

◈制作地图时

地图是充分活用了明亮度差异的东西。 在地图的小框中，有交叉或平行的线。 此外，其中标明了主要的车站名称及陆标（象征性的标志性建筑），因此简洁易懂。

通过使用层次，可以进行鲜明的表达。 由于浓淡呈平缓变化，该部分就变得引人注目。

另外，在制作地图时，不要从商店的立场出发，而要按照从附近车站到商店的顾客立场进行道路指引，这

224

一点很重要。 此外地图的朝向也需要考虑这个因素。

POP 的内容

表现"效果"

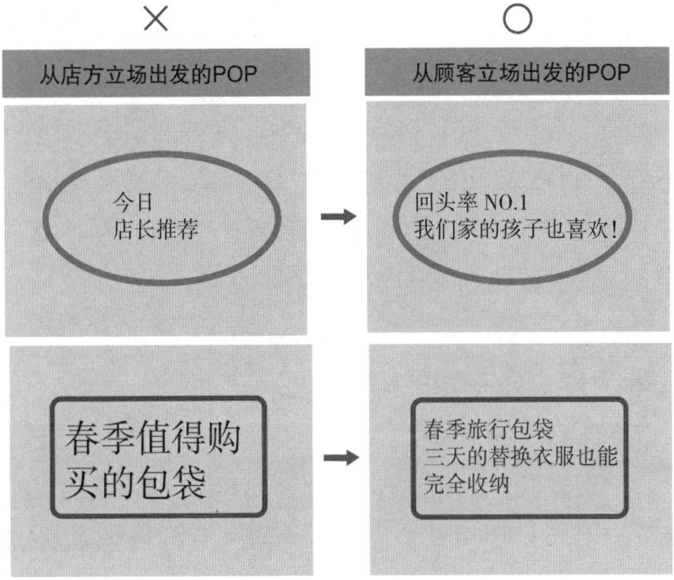

×	○
从店方立场出发的POP	从顾客立场出发的POP
今日 店长推荐 →	回头率 NO.1 我们家的孩子也喜欢!
春季值得购买的包袋 →	春季旅行包袋 三天的替换衣服也能 完全收纳

在POP上,不是要添加商店方"想要销售该商品"的内容,而是要添加顾客使用该商品之后所感受的内容

图 5-16 POP 的内容

◈■顾客在寻求"效果"

如今的时代,顾客的购买行为正在由"刚性需求"向"改善性需求"转换。

225

如今，数字家电"数码相机、DVD 播放机、液晶电视"取代昔日的"黑白电视、洗衣机、电冰箱"而被称为"三大件"，这些都是高性能高附加值的商品。 此外，新商品接二连三地被推出，已经产生了针对某一商品的改善性需求。

也就是说，如今是充满着丰富商品和服务的时代，人们正在根据自己的需求来选择最合适的商品从而替换上一代。

在这种情况下，仅仅通过 POP 宣传商品和服务，是达不到让顾客购买的目的的。 顾客购买的重点是"效果"：通过购买眼前的商品及服务，可以得到什么样的效果？ 顾客是在为这一效果买单。

◈两件"为我做的事"

所谓商品及服务，就是对顾客而言"为我做的事"。 且该"为我做的事"分为两种：一种是"给我好心情"（Good Feeling）；另一种是"为我解决问题"（Solution）。

第一种"给我好心情"，无需说明，让顾客心情变好是重要的商业价值所在。 而第二种的"为我解决问题"往往被大家忽略。 例如在交易中，我们说"顾客想要的不是钻孔机，而是因为想要钻孔才购买钻孔机的"。 存在钻孔这一顾客需求，通过购买钻孔机而进行解决。

此外，在制作 POP 时，要试着站在顾客的立场，考虑一下为什么需要该商品。 例如，如果添加上"家人会很高兴"、"去旅行时会很方便"之类的内容，可以进一步激发顾客购买欲望。

用 POP 三角图表决定内容

POP 三角图表

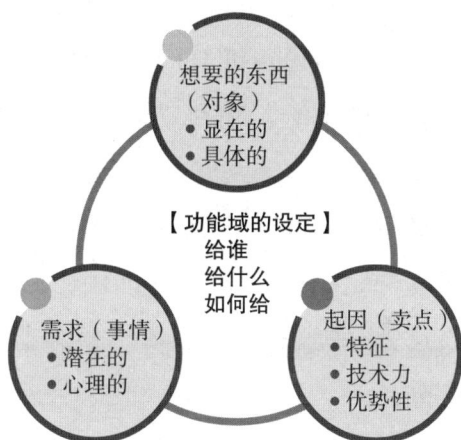

想要的东西（对象）
- 显在的
- 具体的

【功能域的设定】
给谁
给什么
如何给

需求（事情）
- 潜在的
- 心理的

起因（卖点）
- 特征
- 技术力
- 优势性

功能域	想要的东西（对象）	需求（事情）	起因（卖点）
父母送给孩子手表（毕业、入学、庆祝成为新社会人时可以考虑的礼物）	男孩 女孩 新社会人 父母与子女（一对）	礼物 新启程 纪念 创造回忆 让人高兴 综合……	时尚性 受年轻人喜欢 耐用性 名牌 价格带

图 5-17 POP 三角图表

227

◈整理“对象”、“事情”、“卖点”

有时顾客会说“没有想买的商品”，这是因为顾客没有找到“购买的理由”和“卖场的魅力”。

此外，最近不是“销售不出去”，而是“不销售”、“没有进行销售提案”、“错过销售机会”的商店在不断增加。

为了打破僵局，试着在该 POP 三角图表上写出顾客是为寻求什么而购买商品的非常有效。

首先，为了将顾客进行细分而设定对象。我们将该“给谁、给什么、如何给”称为“功能域”。

其次，想要的东西（对象）是指可以看到、在店前让顾客买取的商品。因此，要有商品名称。

然后，顾客一定有购买商品的理由，即为了做什么事情而支付，这就是需求（事情）。顾客正是为了满足该需求而购买商品。

再次，顾客因为可称为附加价值的卖点而从诸多商品中选择一个，这就是起因（卖点）。这成为在卖场中选择哪一件商品的理由。

例如，我们假设初春时有销售手表的卖场。把手表作为礼物送给孩子也有各种各样的理由。在该功能域中，对象会发生变化。需求有时会成为 POP 广告语。然后，卖点会是什么呢？这也会成为 POP 引人注意的语句。 此外，起因（卖点）也会成为卖场专柜的种类。

制作 POP 时，在该 POP 三角图表中写入需求和起因，对宣传的定位非常有效。 另外，除此之外店方也可以应用于决定采购什么样的商品。

POP 使用的语言

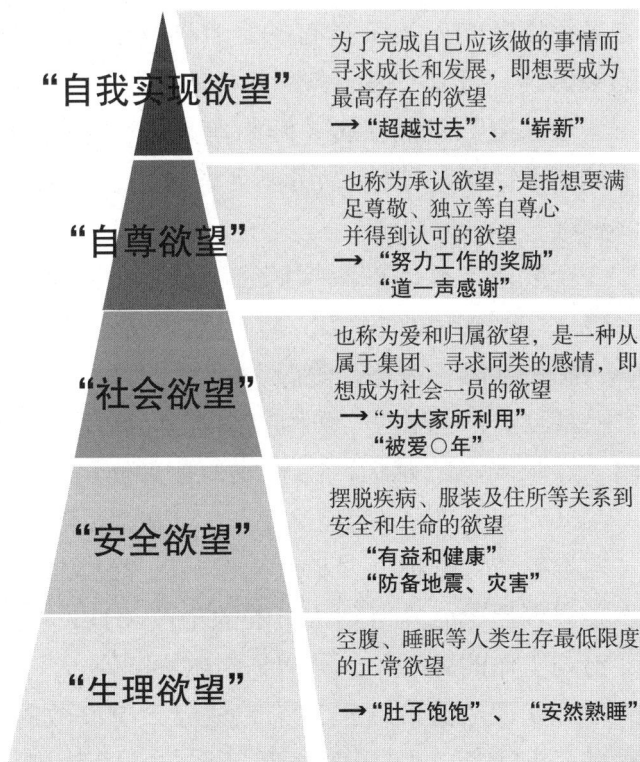

"自我实现欲望"
为了完成自己应该做的事情而寻求成长和发展，即想要成为最高存在的欲望
→ "超越过去"、"崭新"

"自尊欲望"
也称为承认欲望，是指想要满足尊敬、独立等自尊心并得到认可的欲望
→ "努力工作的奖励"
"道一声感谢"

"社会欲望"
也称为爱和归属欲望，是一种从属于集团、寻求同类的感情，即想成为社会一员的欲望
→ "为大家所利用"
"被爱○年"

"安全欲望"
摆脱疾病、服装及住所等关系到安全和生命的欲望
"有益和健康"
"防备地震、灾害"

"生理欲望"
空腹、睡眠等人类生存最低限度的正常欲望
→ "肚子饱饱"、"安然熟睡"

图 5 - 18　马斯洛需求层次理论

◈根据"需求层次理论"考虑 POP 语言

心理学家马斯洛提倡的欲望五段论学说，将我们人类的欲望大致分为五个层次。 当低层次的欲望得到满足之后，人类就会按顺序以更高层次的欲望为目标。

从"生理需求"开始，如果——被满足，就会依次发展到下一个欲望。 此外，这是一种认为人因为成长的欲望会产生去往下一个阶段的动机，最终指向"自我实现"的思想。

如果根据我们人类所具有的这五种欲望来考虑一下 POP 的关键词，可以考虑出各种各样的语言。

"生理欲望"是指空腹、睡眠等人类生存需要的最低限度的正常欲望。 例如，可以列举山"肚了饱饱"、"安然熟睡"等。

"安全欲望"是指摆脱疾病、服装、住所等关系到安全和生命的欲望。 例如，可以列举出"有益于健康"、"防备地震、灾害"等。

"社会欲望"也称为"爱和归属欲望"，是一种从属于集团、寻求同类的感情，即想成为社会一员的欲望。例如，可以列举出"为大家所利用"、"被爱〇年"等。

"自尊欲望"也称为"承认欲望"。 是指想要满足尊敬、独立等自尊心并得到认可的欲望。 例如，可以列举出"努力工作的奖励"、"道一声感谢"等。

"自我实现欲望"是指为了完成自己应该做的事情而寻求成长和发展，即想要成为最高存在的欲望。 例如，可以列举出"超越过去"、"崭新"等。

POP 的表现方法①

优势展示

"脂肪 25%" + "瘦肉 75%" = 绞肉 100%

（展示对顾客而言有价值的一种）

电气化产品→"薄度"

牛排→"厚度"

（在"薄度"与"厚度"中，顾客感到有价值的是哪一种呢？）

带给顾客联想的传达方式

"维生素 20mg"→"相当于一个柠檬"

"124 万立方米"→"相当于一个东京巨蛋"

（用平时看到的东西、身边的东西传达商品的感觉）

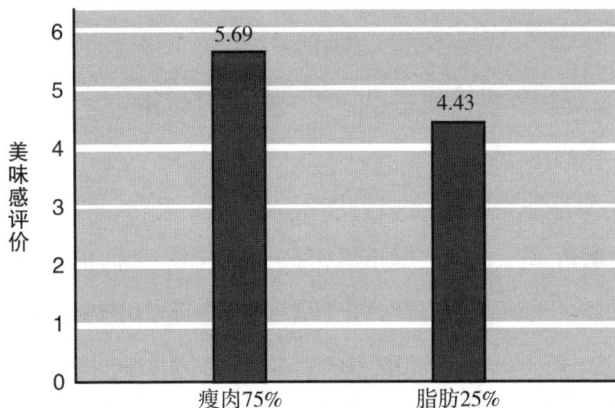

即使是同样的肉，由于表达方式的差异，带给人的美味感都不相同

图 5 - 19　POP 的表现方式①

有时候即使在 POP 中写了相关信息，也不能传达给顾客任何东西。传达也是需要一定技巧的。在此，介绍几种可作为参考的心理问题。

价值展示

例如，在销售绞肉时，如果标注"脂肪 25％"和"瘦肉 75％"，顾客会感觉哪一个有价值呢？这两种标注虽然为截然不同的表达，表明的却是同一内容。而作为顾客的感受会完全相反。

我们把这种表述方式改变顾客决定的现象称为框架效应。心理学实验数据结果显示，顾客感觉后者更有价值。

另外，对于电器产品等，如要诉求小尺寸，则应该标注"薄度"，而不是"厚度"。

但是，如果想要传达牛排等强调体积的形象，则必须强调"厚度"，而不是"薄度"。

总之，要考虑对顾客而言，哪一个是能让其感觉更有价值的表现方法。

带给顾客联想的传达方式

对顾客而言，如果是形象有时很难感受到信息的传递，只要具体地写明顾客在日常生活中可以接触到的事物和数量，就可以使其联想到实际感觉中的重量和数量，由此就会进一步加强对顾客的说服力。

例如，即使说相当于一个东京巨蛋，也不是可以计量的规模。 但是如果写上"一杯的分量"，就可以增加具象感从而进一步提高理解度。

POP 的表现方法②

数字的位数

"9 折""折扣 10%""直降 100 日元"

（100 是 3 位数，感觉价值最大。）

"折扣 50%""半价"

（一半的形象很强烈，所以感觉半价有价值）

"5% 原银奉还""消费税部分 原银奉还"

（"消费税"给予的印象增强。）

稀少性规则

限定○○个、每人限定○个、限○日、限本日、所剩不多欲购从速、限时销售、特价、广告商品。

（从"不想吃亏"的心理层面上进行诉求的方法。作为 POP 的广告语引人关注。）

数字的标注方法

仅仅是单位和位数的不同，带给顾客的印象就会发生很大变化。

233

例如，对于 1 000 日元，"9 折""折扣 10%""折扣 100 日元"这三种说法应该都是同一个意思。

然而在这其中，3 位数"折扣 100 日元"这种标注，比 1 位数和 2 位数具有更强的折扣印象。 因此，虽然内容本应相同，却传达了更为廉价的形象。

此外，使用"折扣 50%"和"半价"时，有数据显示"半价"给人的印象更深。 这是因为较之数字 50%，"半价"会使顾客更强地感觉到价格变为一半的印象。

进一步而言，如果是"5% 原银奉还"与"消费税部分原银奉还"，顾客则倾向于"消费税部分"。 因为消费税部分给人印象更为具体和强烈。

另外，例如"返利 13%"，顾客有时难以立刻计算出打折数额，如在折扣点返还 13% 等。 此时，该 13% 到底是多少钱？ 如果把打折数额也一并记入，对顾客会更为便利。

稀少性规则

这是一种使顾客的买进价值发生变化的方法。 例如，让顾客通过 POP 了解库存减少的状况以及有日期和时间限定的情况。

例如，正月的福袋就是一个例子（日本商家在新年前后，将多件商品装入布袋或纸盒中，进行搭配销售，这种袋子或纸盒就称为"福袋"。通常福袋内容不会公开，但袋中商品价值一般会高于其标价——编者注）。 也就是说，从心理层面上建议"如果现在买了就很划算。 如果不买，以后可能会吃亏后悔"。 而我们人类有着绝不想吃亏的心态。 此外，难以得到的东西看起来更好的心理也在同时发挥作用。

因此，在卖场中通过使顾客浏览 POP 而创造了让其重新考虑购买的机会。

POP 的表现方法③

放入顾客声音及第三者评价

"用过之后，皮肤很光滑。"

"细腻光滑，不再粗糙了。"

（使用者的感想）

"有高达〇％的效果。"

（根据食品检查中心的分析结果）

节假日

新年期间、成人日、情人节、春假、新学期、传统节日、儿童节、暑假、运动会、学艺会、圣诞节、（生日）、（结婚纪念日）、（旅行）等。

（吉日是家庭的庆祝日，此时要积极进行促销。）

放入顾客的声音及第三者评价

较之商店方传达的信息，没有此实际使用体验更具说服力的语言了。

235

此外，如果对顾客而言是贵重商品，有时在购买时会感到迷惘。 但如果有实际购买过的顾客使用体验，就会大大促进新顾客的购买。 此时，务必在评论上写入"这是使用者的感想"。

另外，如果在调查中公布使用商品的评价等图表化信息，就会进一步推动顾客的购买。

另外，大众媒体介绍的信息内容、公正的第三者机构的评价，数据也有很高的威信度。 此时，一定要写明数据或信息。 由于其属于有第三者担保的数据，说服力增加，可以提高安心感和信赖度。 我们把这称为光环效应。

在连锁店中，节假日时进行积极的促销活动。 如果是商店街的商店，则应该发挥地域密集性，考虑配合附近商圈的活动进行节假日展销的战略。

如今，圣诞节、情人节等西式节假日也都一一加入进来。 某项调查显示，一个家庭一年内平均有 25 个吉日活动。 例如，配合附近幼儿园的运动会，在 POP 和广告单上写上"△年□月 ○○幼儿园的孩子们运动会要加油哦！ 支援活动举行中"进行营销。 同时在卖场内进行数码相机的存储卡、摄像机、坐垫、便当食材、家常菜、饮料、太阳镜和帽子等的促销活动。

后记

　　大家看完本书的感受如何？　我看到有读者将拙作《卖场营销教科书》带到研讨会会场，书上贴了很多标签，已经很破烂。　我认为这才是作为"卖场教科书"被充分活用的证据。　本书的夙愿也是希望读者能够像这样充分地去使用。

　　在此，我想作一下关于卖场今后如何变化的预言。

　　首先，在店前的屏幕中播放符合商店形象的图像及电视广告，以承担诱导顾客进店的作用。　其次，如果在店前入口处的录音机上放置积分卡和手机，介绍各顾客购买经历、推荐特价商品及料理的烹饪方法。　在顾客来店前用短信发到其手机上，到现场打印出来。

　　然后，在店内使用各种新型数码 POP 来传递商品信息。　将日间的电视节目及广告商品信息通过无线网络和PHS 通讯在傍晚的店里同步更新并播放。　此外，也能了解到浏览了该店内广告的顾客中，有多少人购买了商品。　曾经模拟化的促销终于实现数字化了。　今后大概能在很多商店见到这种场景吧。

另外，将此书献给同时也是我"老师"的双亲，希望他们今后也能教我更多关于销售的东西。　祝愿二老今后也能身体健康，这将是对我最大的鼓励。

此外，我要感谢负责本书编辑的日本效率协会管理中心出版事业部的桑田笃副编辑。　感谢他在本书多处给予我中肯的指示。

如果本书内容能对大家有一点帮助，我将深感荣幸。　我期待着有一天能够在大家的卖场里见面。

2010 年 4 月

新山　胜利

238